The Mighty Mandolin Chord Songbook

ISBN 978-1-4803-6117-1

HAL•LEONARD®
CORPORATION

7777 W. BLUEMOUND RD. P.O. BOX 13819 MILWAUKEE, WI 53213

Visit Hal Leonard Online at
www.halleonard.com

Mandolin Chord Songbook

Contents

Babe, I'm Gonna Leave You

Words and Music by Anne Bredon,
Jimmy Page and Robert Plant

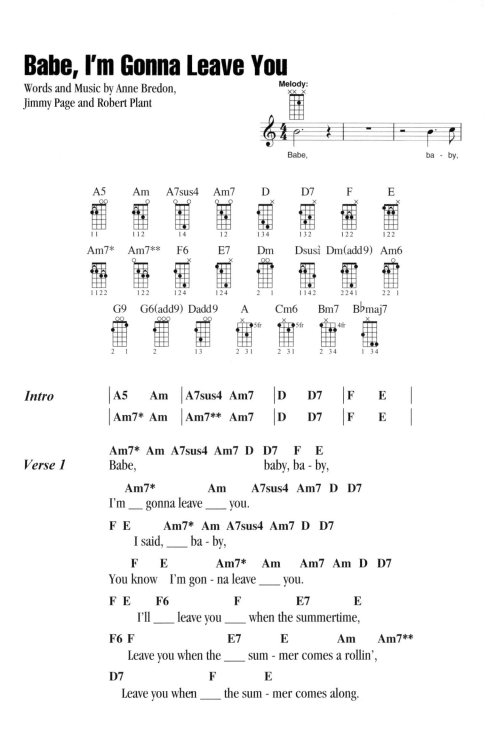

Intro

| A5 | Am | A7sus4 Am7 | D | D7 | F | E |
| Am7* | Am | Am7** Am7 | D | D7 | F | E |

Verse 1

Am7* Am A7sus4 Am7 D D7   F   E
Babe,   baby, ba - by,

  Am7*   Am   A7sus4 Am7 D D7
I'm __ gonna leave ___ you.

F E   Am7* Am A7sus4 Am7 D D7
   I said, ___ ba - by,

    F   E   Am7*   Am   Am7 Am D D7
You know   I'm gon - na leave ___ you.

F E   F6   F   E7   E
   I'll ___ leave you ___ when the summertime,

F6 F   E7   E   Am   Am7**
   Leave you when the ___ sum - mer comes a rollin',

D7   F   E
   Leave you when ___ the sum - mer comes along.

| *Interlude 1* | ‖: Am Am7** Dm   │   :‖ *Play 4 times* |

Verse 2

Am   **A7sus4**   **Am7**   **D7**
Babe, babe, babe, ___ babe, ___ babe, ___ babe,

   F   **E**   **Am7***   **Am**   **A7sus4** **Am7**
Ba - by, mm, baby, I wanna leave ___ you.

D **D7**   **F**
I ain't jok - in', woman,

E   **Am7***   **Am** **A7sus4** **Am7** **D7**   **F**   **E**
I've got to ___ ramble. ___   Oh, yeah.

Am7* **Am**   **A7sus4** **Am7**   **D**   **D7**
      Baby, ba - by, _____ I will leave you.

    F   **E**   **F6**   **F**   **E7**   **E**
I've really   got to ramble. ___ (I can hear it   callin' me.)

F6 **F**   **E7**   **E**   **Am**
I can hear it callin' me ___ the way it used to do.

A7sus4 **Am7** **D7**   **F**   **E**
              I can hear it call - in' me ___ back home.

| *Interlude 2* | ‖: Am Am7** Dm   │   :‖ *Play 4 times* |
| | ‖: Am   Am7* │Dsus⁴₂ Dm(add9) :‖ *Play 4 times* |

Chorus 1

Am **Am7** **D7**   **F**
Baby,   oh, babe,

E   **Am**   **Am7** **D7**
  I'm gonna leave you.

F   **E** **Am** **Am7** **D7**
  Oh, ___ ba - by,

    F   **E**   **Am**   **Am7** **D7** **F**   **E**
You know I've really got to leave you.   Oh.

F   **E**
  I could hear it call - in' me,

F   **E**
  I said, don't you hear it   callin' me

         Am   **Am7*** **Dm**
The way it used to do?

  Am **Am7*** **Dm**
Oh.

| ‖: Am Am7* Dm │   :‖ *Play 3 times* |

Guitar Solo 1	|A5 Am |A7sus4 Am7 |D D7 |F E	
	|Am7* Am |A7sus4 Am7 |D D7 |F E	

            Am7*   Am6 G9   G6add9

Bridge   I know, _____   I know,

            Dadd9 D   F

              I know I never, nev - er, never, never,

            E   Am   Am7 D7

            Never gonna leave you, babe,

                     F   E   Am7* Am6

            But I gotta go away from this place.

            G6add9 G9   Dadd9   D

              I gotta quit you, yeah.

            F   E Am   Am7   D7   F E

            Oh, _____ baby,   baby, baby, baby.

            Am Am7 D7   F   E

Chorus 2   Baby, baby, baby.   Oh.

            Am Am7 D7   F   E

                     Don't you hear it call - in' me?

            A5 Am A7sus4 Am7 D7   F E

Verse 3   Oh. _____   Woman.

            Am7*   Am6 G9 G6add9   Dadd9 D F

            Wom - an.   I know.   I know.

            E   Am7*   Am6   G9

            Feels good to have ____ you back a - gain

               G6add9   Dadd9   D

            And I know that one day,   ba - by,

             F   E   Am7* Am6   G6add9

            It's gonna   really grow,   yes, it is.

            G9   Dadd9 D   F   E

            We gonna go   walkin' through the park ev'ry day.

Chorus 3

```
          Am  Am7              D7        F E
              Oh, my babe.   Ev'ry day.   Oh.

          Am        Am7        D7
          My, my,    my, my,    my, my, babe,

          F     E
          I'm gonna leave you, go away.
```

Guitar Solo 2

```
|A5      Am   |A7sus4  Am7      |D       D7   |F      E      |
|Am7* Am6 |G9      G6add9   |Dadd9  D   |F           E  |
                                                     So
|Am7* Am6 |G9      G6add9   |Dadd9  D   |F           E  |
 good,  sweet  baby.                         It was really,
|Am        |Am7              |D7          |F      E  |
 really good.                 You made me happy ev'ry single
|Am        |A7sus4   Am7     |D7          |F      E      |
 day.                         But now      I've got to go
```

Chorus 4

```
Am  Am7  D7    F    E
Away.____      Oh,  oh,

Am  Am7  D7    F    E
Oh.

|Am        |Am7        |D7         |F      E      |

Am  Am7  D7  F    E
    Baby, baby, baby.
```

Outro

```
F              E
That's when it's callin' me.

F                  E
I said, that's when it's callin' me

        A  Cm6  Bm7  B♭maj7  Am
Back home.
```

Back in the High Life Again

Words and Music by
Will Jennings and Steve Winwood

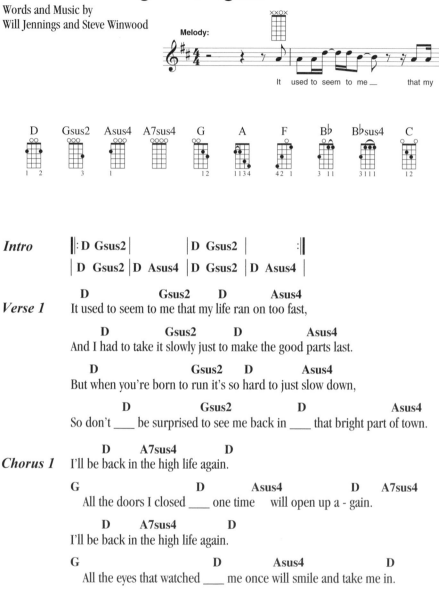

Intro

‖: D Gsus2 | | D Gsus2 | :‖

| D Gsus2 | D Asus4 | D Gsus2 | D Asus4 |

Verse 1

D   Gsus2   D   Asus4
It used to seem to me that my life ran on too fast,

D   Gsus2   D   Asus4
And I had to take it slowly just to make the good parts last.

D   Gsus2   D   Asus4
But when you're born to run it's so hard to just slow down,

D   Gsus2   D   Asus4
So don't ___ be surprised to see me back in ___ that bright part of town.

Chorus 1

D   A7sus4   D
I'll be back in the high life again.

G   D   Asus4   D   A7sus4
All the doors I closed ___ one time   will open up a - gain.

D   A7sus4   D
I'll be back in the high life again.

G   D   Asus4   D
All the eyes that watched ___ me once will smile and take me in.

Interlude   ‖: D Gsus2 | :‖ D Gsus2 | D Asus4 |

               D   Gsus2   D   Asus4
Verse 2   You used to be the best to make life be life to me,

                  D   Gsus2   D   Asus4
        And I hope that you're still out there, and you're like you used to be.

                  D   Gsus2   D   Asus4
        We'll have ourselves a time, and we'll dance till the morn - ing sun,

                    D   Gsus2   D   Asus4
        And we'll let the good times come in and we won't stop until we're done.

                  D   A7sus4   D
Chorus 2   We'll be back in the high life again.

        G   D   Asus4   D   A7sus4
          All the doors I closed ___ one time   will open up a - gain.

                  D   A7sus4   D
        We'll be back in the high life again.

        G   D   Asus4   D G D
          All the eyes that watched ___ us once will smile and take us in.

              G   D
Bridge 2   And we'll drink and dance with one ___ hand free,

            A   D
        And have the world so eas - ily.

            G   D
        And, oh, we'll be a sight ___ to see

                 Asus4
        Back in the high life again.

Interlude
| D   G | F   B♭ | F   B♭ | B♭sus4 C |

High life.

| D   G | F   B♭ | F   B♭ |

High life.   Back in the high life again.

| B♭sus4 C ‖: D   Gsus2 | D   Asus4 :‖ *Play 4 times*

Chorus 3   *Repeat Chorus 2*

Bridge 3

       G   D

And we'll drink and dance with one ___ hand free,

      A   D

And have the world so eas - ily.

      G   D

And, oh, we'll be a sight ___ to see

              Asus4 D   Gsus2

Back in the high life a - gain.

D Gsus2   D   Gsus2

    Mmm, high life. Back in the high life.

       D   Gsus2

Mmm. ___   Oh, we'll be back.

Outro   ‖: D   G   D | G   D :‖ *Repeat and fade*

Barely Breathing

Words and Music by
Duncan Sheik

Melody:

I know what you're do - ing. I see it all ___

Em7　A7　Cadd9　Dsus2　Fadd9　Cadd9*　Gsus2　Am

Fmaj7　D　Am7　Gm9　F　Fmaj7#11　Fmaj7*

Intro　‖: Em7 ｜A7 ｜Cadd9 ｜Dadd2 :‖

Verse 1

　　　　　　N.C.　　　　　　　　Em7　　　　　　　　A7
I know what you're do - ing. I see it all too clear.

　　　　　　　　　Cadd9　　　　　　　　　Dadd2
I only taste the sa - line when I kiss away your tears.

　　　　　　　　　Em7　　　　　　A7
You really had me go - ing, wishing on a star.

　　　　　　　　　　　　Cadd9　　　　　　　　Dadd2
But the black holes that surround you are heavier by far.

　　　　　　　　Em7　　　　　　　　　A7
I believed in your confu - sion, you were so completely torn.

　　　　　　　　Cadd9　　　　　　　　　　Dadd2
It must have been that yes - terday was the day that I was born.

　　　　　　　　Em7　　　　　　　A7
There's not much to exam - ine, nothing left to hide.

　　　　　　　　Cadd9　　　　　　　　Dadd2
You really can't be se - rious if you have to ask me why.

　　Fadd9
I say ___ goodbye.

Chorus 1

         Cadd9*   **Gsus2**
'Cause I am barely breath - ing and I can't find ___ the air.

       Am   **Fmaj7**
Don't know who I'm ___ kidding, imagining you care.

         Cadd9*   **Gsus2**
And I could stand here wait - ing, a fool for another day.

        Am
I don't suppose it's worth ___ the price, it's worth the price,

    Fadd9
The price ___ that I would pay, yeah, yeah, yeah.

Verse 2

       Em7   **A7**
And ev'ryone keeps asking, ___ "What's it all about?"

      Cadd9   **Dadd2**
I used to be so cer - tain. Now I can't figure out.

      Em7   **A7**
What is this attract - tion? I only feel ___ the pain.

      Cadd9   **Dadd2**
And nothing left to rea - son, and only you to blame.

    Fadd9
Will it ever ___ change?

Chorus 2

         Cadd9*   **Gsus2**
'Cause I am barely breath - ing and I can't find ___ the air.

       Am   **Fmaj7**
Don't know who I'm ___ kidding, imagining you care.

         Cadd9*   **Gsus2**
And I could stand here wait - ing, a fool for another day.

        Am
I don't suppose it's worth ___ the price, it's worth the price,

    Fadd9   **Cadd9***
The price ___ that I would pay, yeah, yeah, ___ yeah.

      Gsus2 **Am** **Fmaj7**
But I'm thinking it over anyway.

      Cadd9* **Gsus2**   **Am** **Fadd9**
I'm thinking it over anyway, ___ yeah, yeah, yeah. ____ Oh.

Bridge

```
D                    Am7
I've come to find ____ I may never know
```

```
Cadd9*              Gm9
Your changing mind.    Is it friend or foe?
```

```
D            Am7
I rise above ____ or sink below
```

```
Cadd9*          Gm9
With ev'ry time ____ you come and go.
```

```
                        F
Please, don't come and go.
```

Chorus 3

```
                    Cadd9*              Gsus2
'Cause I am barely breath - ing and I can't find ____ the air.
```

```
                    Am                      Fmaj7
Don't know who I'm ____ kidding, imagining you care.
```

```
                    Cadd9*                 Gsus2
And I could stand here wait - ing, a fool for another day.
```

```
                    Am
I don't suppose it's worth ____ the price, it's worth the price,
```

```
Fmaj7                      Cadd9*
The price ____ that I would pay, yeah, yeah, ____ yeah.
```

```
            Gsus2      Am  Fmaj7
But I'm thinking it over anyway.
```

```
            Cadd9*    Gsus2             Am    Fmaj7
I'm thinking it over anyway, ____ yeah, yeah, yeah. ____ Oh.
```

```
                            Fmaj7#11 Fmaj7*
And I know what you're doing. I see it all too      clear.
```

Big Yellow Taxi

Words and Music by
Joni Mitchell

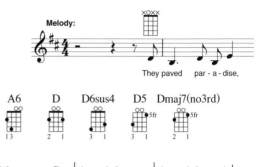

Melody:

They paved par-a-dise,

G G6 A5 A6 D D6sus4 D5 Dmaj7(no3rd)

Intro
| G   G6 | G   G6   G | A   A6 | A   A6   A |
| D D6sus4 | D D6sus4 D D6sus4 | D D6sus4 | D D6sus4   D |

Verse 1
       G   G6   G   G6   G D D6sus4   D D6sus4 D
They paved ___ paradise, put up a park - ing lot

             G   G6 G A5
With a pink ___ ho - tel,   a boutique,

A6   A5 D   D6sus4 D D6sus4 D
  And a   swinging hot spot.

Chorus 1
D5   Dmaj7(no3rd)
Don't it always seem to go

        D6sus4   D   D6sus4 D
That you don't know what you've got 'till it's   gone?

       G   G6 G
They paved para - dise,

A5   A6   A5 D D6sus4 D   D6sus4 D   D6sus4
Put up a park - ing lot.
             (‖:Shoo,   bop, bop,   bop, bop.   :‖)

Verse 2
       G   G6   G   G6   G D   D6sus4 D D6sus4 D
They took all the trees, put 'em in a tree mu - seum.

             G   G6   G
And they charged the   people

      A5   A6 A5   D D6sus4   D D6sus4 D
A dollar and a half just ___   to see 'em.

Chorus 2 *Repeat Chorus 1*

Verse 3

```
        G       G6      G              G6 G D D6sus4  D  D6sus4  D
Hey, farmer,  farm - er, put away that  D.D.T., now.
```

```
          G      G6        G
Give me spots on   my apples,
```

```
    A5          A6   A5       D  D6sus4  D   D6sus4  D
But leave me the birds  and the bees. _____    Please!
```

Chorus 3   *Repeat Chorus 1*

Verse 4

```
   G    G6    G          G6       G      D  D6sus4  D D6sus4  D
Late last  night  I heard the  screen  door slam,
```

```
       G  G6    G   A5         A6 A5  D   D6sus4  D  D6sus4  D
And a big yellow taxi took away my     old man.
```

Chorus 4

```
D5              Dmaj7(no3rd)
Don't it always seem to go
```

```
      D6sus4              D     D6sus4  D
That you don't know what you've got 'till it's     gone?
```

```
    G         G6   G
They paved para - dise,
```

```
A5     A6    A5 D  D6sus4  D   D6sus4  D        D6sus4
Put up a park - ing  lot.
                    (Shoo,      bop, bop,    bop, bop.       )
```

Outro-Chorus

```
      D5              Dmaj7(no3rd)
I said, don't it always seem to go
```

```
      D6sus4              D     D6sus4  D   (N.C.)
That you don't know what you've got 'till it's     gone?
```

```
    G         G6   G
They paved para - dise,
```

```
A5     A6    A5 D  D6sus4  D   D6sus4  D        D6sus4
Put up a park - ing lot.
                    (Shoo,      bop, bop,    bop, bop.      )
```

```
    G         G6   G
They paved para - dise,
```

```
A5     A6    A5 D  D6sus4  D   D6sus4  D        D6sus4
Put up a park - ing lot.
                    (Shoo,      bop, bop,    bop, bop.      )
```

```
       G         G6   G A5      A6    A5 D
They paved para - dise,    put up a park - ing lot. *Ha, ha, ha.*
```

THE MIGHTY MANDOLIN SONGBOOK   **17**

Blowin' in the Wind

Words and Music by
Bob Dylan

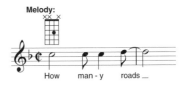

Bb   C   F   Dm

Intro

| Bb | C | F | Dm | |
| Bb | C | F | | |

Verse 1

F   Bb   F
How many roads must a man walk down

         Bb   C
Before they can call him a man?

F   Bb   F   Dm
How many seas must a white dove sail

F   Bb   C
Before she sleeps in the sand?

F   Bb   F
How many times must the cannonballs fly

         Bb   C
Before they're for - ever banned?

Chorus 1

    Bb   C   F   Dm
The answer, my friend, is blowin' in the wind,

    Bb   C   F
The answer is blowin' in the wind.

	F Bb F

Verse 2

```
F          Bb         F
How many years must a mountain exist
            Bb          C
Before it is washed to the sea?
F          Bb         F          Dm
How many years can some people ex - ist
F                Bb         C
Before they're al - lowed to be free?
F          Bb         F
How many times can a man turn his head
                Bb          C
And pretend that he just doesn't see?
```

Chorus 2   *Repeat Chorus 1*

Verse 3

```
F          Bb         F
How many times must a man look up
            Bb    C
Before he can see the sky?
F          Bb       F       Dm
How many ears must one man have
F                Bb          C
Before he can hear people cry?
F          Bb         F
How many deaths will it take till he knows
                Bb          C
That too many people have died?
```

Chorus 3   *Repeat Chorus 1*

Outro

```
|Bb      |C       |F      |Dm       |
    Bb       C         F
The answer is blowin' in the wind.
```

Breathe

Words and Music by Holly Lamar
and Stephanie Bentley

Melody:

I can feel the mag - ic float -

Am   G6   Cadd9   Dsus2   D   Dsus4   G   Am7   C

Intro

| Am7 | G6 | Cadd9 | G6 | |
| Am7 | G6 | Cadd9 | | |

Verse 1

Am   G6   Cadd9   G6
I can feel the mag - ic floating in __ the air.

Am   G6   Cadd9
Being with you __ gets me that __ way.

Am   G6   Cadd9   G6
I watch the sun - light dance across __ your face

        Am   Dsus2   D
And I   never been this swept away.

Verse 2

Am   G6   Cadd9   G6
All my thoughts just seem to settle on __ the breeze,

Am   G6   Cadd9
When I'm lyin' wrapped __ up in your arms.

Am   G6
The whole world just fades away,

        Cadd9   G6 Am   D Dsus4 D
The on - ly thing __ I hear is the beating of your heart. __

Chorus 1

               G
'Cause I can feel you breathe,

               Am7
It's washing over me,

               C   **D**
And suddenly I'm melting into you.

               G
There's nothing left to prove,

            Am7   **C**
Baby, all we need is just to be

D   **G**
  Caught up in the touch,

             Am7
The slow and steady rush.

        C
Baby, isn't that the way

          G6   **Am**   **Dsus4**
That love's __ supposed __ to be?

D   **Cadd9**
  I can feel you breathe.

|G |Am |D |
                    Just

Interlude 1 |G |Am7 |C |D |
              breathe.

|G |Am7 |C |D |

Verse 3

```
        Am          G6                    Cadd9  G6
        In a way I know my heart is wak - in' up

        Am              G6              Cadd9
        As all the walls __ come tumbling down.

        Am              G6            Cadd9
        Closer than I've ever felt before,

                    G6          Am
        And I know __ and you know

                                Dsus4  D
        There's no need for words right now.
```

Chorus 2   *Repeat Chorus 1*

Interlude 2   *Repeat Interlude 1*

Chorus 3

```
                        G
        Caught up in the touch,

                        Am7
        The slow and steady rush.

                    C
        Baby, isn't that the way

                    G6          Am      Dsus4
        That love's __ supposed __ to be?

        D           C
        I can feel you breathe.

        |G6     |Am       |D       |
                            Just

        |G      |Am       |Cadd9  |G        |
            breathe.

        Am              G6          Cadd9    G6
        I can feel the mag - ic floating in ___ the air.

        Am              G6          Cadd9
        Bein' with you __ gets me that way.
```

Call Me the Breeze

Words and Music by
John Cale

Melody:

Call me the breeze; _

Chords: A5 A7(no3rd) D5 C#5 C5 B5 E5 D#5 Bb7 A7

Intro

‖: A5 | | | :‖ *Play 4 times*

Verse 1

    A5   A7(no3rd)
Call me the breeze; I keep blowin' down the road.

             D5
Well, now, they call me the breeze;

            C#5   C5   B5   A5   A7(no3rd)
I keep blowin' ___ down ___ the road.

           E5
I ain't got me nobody;

D5   A5   A7(no3rd)
  I don't carry me no load.

Verse 2

           A5
Ain't no change in the weather,

               A7(no3rd)
Ain't no changes for me.

            D5
Well, there ain't no change in the weather,

          C#5 C5 B5 A5   A7(no3rd)
Ain't no chang - es for me.

          E5
And I ain't hidin' from nobody;

D5   A5   A7(no3rd)
  Nobody's hidin' from me.

Oh, that's the way it's s'posed to be.

Guitar Solo ‖: A5 | | | | |

| | | | | |

| D5 | | | C#5 C5 B5 |

| A5 | | | | |

| E5 | | D5 | | |

| A5 | | | | :‖

                                A5

Verse 3   Well, I got that green light, baby;

                                      A7(n3rd)

I got to keep movin' on.

                         D5

Well, I got that green light, babe;

               C#5   **C5** **B5**   **A5**   **A7(no3rd)**

I got to keep ____ mov - in' on.

                      E5

Well, I might go out to California,

D5   **A5**   **A7(no3rd)**

  Might go down to Georgia, I don't know.

Piano Solo ‖: A5 | | | |

| | | | | |

| D5 | | | C#5 C5 B5 |

| A5 | | | | |

| E5 | | D5 | | |

| A5 | | | | :‖

Verse 4

        A5
Well, I dig you Georgia peaches;

                   A7(no3rd)
Makes me feel right at home.

        D5
Well, now, I dig you Georgia peaches;

         C#5 C5 B5   A5   A7(no3rd)
Makes me feel ____ right at home.

        E5
But I don't love me no one woman,

D5   **A5   A7(no3rd)**
So I can't stay at Georgia's long.

Verse 5

        A5
Well, now, they call me the breeze;

                   A7(no3rd)
I keep blowin' down the road.

        D5
Well, now, they call me the breeze;

         C#5 C5 B5 A5   A7(no3rd)
I keep blow - in'   down the road.

        E5
I ain't got me nobody,

D5   **A5 C#5 D5 D#5**
I don't carry me no load.

E5   N.C.   **B♭7 A7**
Woo.   *Mister Breeze.*

Can't Buy Me Love

Words and Music by John Lennon
and Paul McCartney

Can't buy me   love, _____

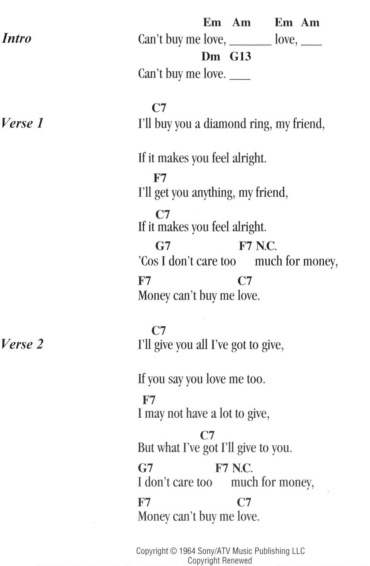

Em   Am   Dm   G13   C7   F7   G7

                         Em Am   **Em Am**

Intro   Can't buy me love, _____ love, ____

                         Dm   G13

               Can't buy me love. ____

                         C7

Verse 1   I'll buy you a diamond ring, my friend,

               If it makes you feel alright.

                 F7

               I'll get you anything, my friend,

                 C7

               If it makes you feel alright.

                 G7   **F7 N.C.**

               'Cos I don't care too   much for money,

               F7   **C7**

               Money can't buy me love.

                         C7

Verse 2   I'll give you all I've got to give,

               If you say you love me too.

                 F7

                I may not have a lot to give,

                      C7

               But what I've got I'll give to you.

               G7   **F7 N.C.**

               I don't care too   much for money,

                F7   **C7**

               Money can't buy me love.

Chorus 1

              Em Am
Can't buy me love, ____

C7
Everybody tells me so.

              Em Am
Can't buy me love, ____

Dm   **G13**
No, no, no, no.

Verse 3

C7
Say you don't need no diamond rings,

And I'll be satisfied.

F7
Tell me that you want the kind of things

    C7
That money just can't buy.

G7   **F7 N.C.**
I don't care too   much for money,

F7   **C7**
Money can't buy me love.

Guitar Solo

C7				
F7		C7		
G7	F7	C7		

Chorus 2   *Repeat Chorus 1*

Verse 4   *Repeat Verse 3*

Outro

              Em Am   Em Am
Can't buy me love, _____ love, ____

             Dm G13
Can't buy me love. ____

C7
Oh.

Can't Help Falling in Love
from the Paramount Picture BLUE HAWAII

Words and Music by George David Weiss,
Hugo Peretti and Luigi Creatore

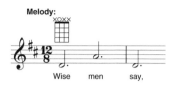

D   A   F#m   Bm   G   C#7   B7   Em   A7

Intro | D   A | D |

Verse 1
D   F#m Bm   G   D   A
Wise men say, only fools rush in.

        G A   Bm G   D   A   D
But I can't help falling in love with you.

Verse 2
D   F#m Bm
Shall   I   stay?

        G D A
Would it be a sin

        G A   Bm G   D   A   D
If I can't help falling in love with you?

Bridge 1

F#m   C#7 F#m   C#7
Like a river flows surely to the sea,

F#m   C#7
Darling, so it goes.

F#m   B7   Em A7
Some things   are meant to be.

Verse 3

D   F#m Bm   G   D   A
Take my   hand, take my whole life, too.

G A   Bm G   D   A   D
For I can't help falling in love with you.

Bridge 2

Repeat Bridge 1

Verse 4

D   F#m Bm   G   D   A
Take my   hand, take my whole life, too.

G A   Bm G   D   A   D
For I can't help falling in love with you.

G A   Bm G   D   A   D
For I can't help falling in love with you.

Catch the Wind

Words and Music by
Donovan Leitch

Melody:

chil-ly _____ hours and

To match recording, capo III

C   Fadd9   G   F   G7   Em   D   G6

Intro

| C | | | Fadd9 | G | |
| C | | Fadd9 | C | | |

Verse 1

            C   Fadd9   C
In the chilly hours and minutes of un - certainty

   F   C   Fadd9 G   C   G7
I want to be in the warm hold of your lovin' mind.

      C   Fadd9
To feel you all a - round me

        C   F
And to take your hand a - long the sand.

C   Fadd9 G   C   Fadd9 C
Ah, but I may as well try and catch the wind.

Verse 2

  C   Fadd9
When sundown pales the sky,

   C   F
I want to hide awhile behind your smile,

C   Fadd9 G C G7
And ev'rywhere I'd look, your eyes I'd find.

   C   Fadd9
For me to love you now

      C   F
Would be the sweetest thing, 'twould make me sing.

C   Fadd9 G   C   Fadd9 C
Ah, but I may as well try and catch the wind.

Bridge

F   Em
De, de, de, de, de, de, de, de.

   F   D
De, de, de, de, de, de, de, de,

  G G6 G7 G6
De, de, de.

Verse 3

   C   Fadd9
When rain has hung the leaves with tears,

C   F
I want you near to kill my fears,

C   Fadd9 G   C G7
To help me to leave all my blues be - hind.

   C   Fadd9
For standing in your heart

     C   F
Is where I want to be, and long to be.

C   Fadd9 G   C   Fadd9 C
Ah, but I may as well try and catch the wind.

Harp Solo *Repeat Verse 1 (Instrumental)*

Outro |C | |Fadd9 | |
       |C | |F | |

     C   Fadd9 G   C   Fadd9 C
Ah, but I may as well try and catch the wind.

Chasing Cars

Words and Music by Gary Lightbody,
Tom Simpson, Paul Wilson,
Jonathan Quinn and Nathan Connolly

Melody:

We'll do __ it __ all, _____

A5   E   Dsus2

   23   123   2

Intro |A5 | |

Verse 1

      A5   E   Dsus2   A5
We'll do it all, ___ ev'rything ___ on our own.

                  E   Dsus2   A5
We don't need ___ anything ___ or anyone.

Chorus 1

      A5   E
If I lay here, if I just lay here,

      Dsus2   A5
Would you lie with me and just forget the world?

Verse 2

    A5   E   Dsus2   A5
 I don't quite know ___ how to say ___ how I feel.

             E   Dsus2   A5
Those three words, ___ I said too much, ___ then not enough.

Chorus 2

                        A5   E
              If I lay here, if I just lay here,

                        Dsus2   A5
              Would you lie with me and just forget the world?

Verse 3

                        A5   E
              Forget what we're told before we get too ___ old.

                        Dsus2   A5
              Show me a garden that's bursting into life.

                              E   Dsus2   A5
              Let's waste time ___ chasing cars ___ around our heads.

Chorus 3

                        A5   E
              If I lay here, if I just lay here,

                        Dsus2   A5
              Would you lie with me and just forget the world?

Verse 4

                        A5   E
              Forget what we're told before we get too ___ old.

                        Dsus2   A5
              Show me a garden that's bursting into life.

                              E
              All that I am, all that I ever was

                        Dsus2   A5
              Is here in your perfect eyes, they're all I can see.

                              E
              I don't know where, confused about how as well.

                        Dsus2   A5
              Just know that these things will never change for us at all.

Outro-Chorus   *Repeat Chorus 1*

City of New Orleans

Words and Music by
Steve Goodman

Melody:

Rid - in' on ___ the Cit - y of ___

G D Em C Bm A D7 Em7 A7 F

Intro | G | | | |

Verse 1
G   D   G
Ridin' on the City of New Or - leans,

Em   C   G
Illinois Central, Monday morning rail.

                    D   G
Fifteen cars and fif - teen restless rid - ers,

            Em   D   G
Three con - ductors and twenty-five sacks of mail.

Pre-Chorus 1
            Em   Bm
All a - long the southbound Odyssey, the train pulls out of Kankakee

D   A
And rolls along the houses, farms and fields.

Em
Passin' trains that have no name

    Bm
And freight yards full of old black men,

            D   D7   G
And the graveyards of the rusted automobiles.

	C	D	G

Chorus 1

C   D   G
Good morning A - merica, how are ___ you?

   Em   C   G
Say, don't you know me? I'm your native son.

D G   D   Em Em7 A7
I'm the train they call the City of New Orleans.

     F   C   D   G
I'll be gone five hundred miles when the day is done.

Verse 2

      G   D   G
Dealin' card games with the old men in the club car,

Em   C   G
Penny a point, ain't no ___ one keepin' score.

        D   G
Pass the paper bag that holds the bottle.

Em   D   G
Feel the wheels rumblin' 'neath the floor.

Pre-Chorus 2

      Em   Bm
And the sons of Pullman porters, and the sons of engineers

       D   A
Ride their father's magic carpet made of steel.

Em   Bm
Mothers with their babes asleep are rockin' to the gentle beat

       D   D7   G
And the rhythm of the rails is all they feel.

Chorus 2   *Repeat Chorus 1*

Verse 3

```
           G              D              G
Night time on the City of New Or - leans,

Em             C                 G
Changin' cars in Memphis, Tennessee.

                   D          G
Halfway home, we'll be there by mornin',

            Em                  D               G
Through the Mississippi darkness rollin' down to the sea.
```

Pre-Chorus 3

```
           Em                           Bm
But all the towns and people seem to fade into a bad dream,

     D                           A
And the steel rail still ain't heard the news.

            Em
The con - ductor sings his songs again,

     Bm
The passengers will please refrain,

     D                    D7             G
This train's got the disap - pearin' railroad blues.
```

Chorus 3

```
C           D              G
Good night A - merica, how are ____ you?

     Em              C          G
Said, don't you know me? I'm your native son.

D    G                 D       Em     Em7  A7
I'm the train they call the City of New Orleans.

       F         C       D               G
I'll be gone five hundred miles when the day is done.
```

Copperhead Road

Words and Music by
Steve Earle

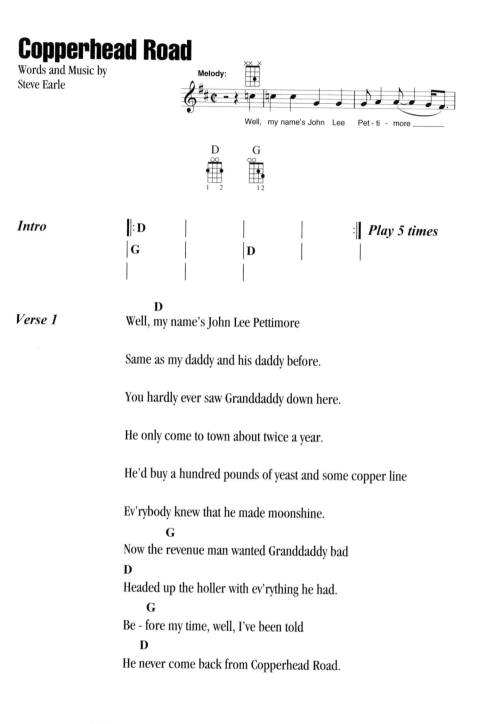

Intro ‖: D | | | :‖ *Play 5 times*
| G | | D | |
| | | |

Verse 1

       D
Well, my name's John Lee Pettimore

Same as my daddy and his daddy before.

You hardly ever saw Granddaddy down here.

He only come to town about twice a year.

He'd buy a hundred pounds of yeast and some copper line

Ev'rybody knew that he made moonshine.

        G
Now the revenue man wanted Granddaddy bad
D
Headed up the holler with ev'rything he had.

       G
Be - fore my time, well, I've been told

       D
He never come back from Copperhead Road.

| *Interlude* | ‖: D | | | :‖ |

Verse 2

        D
Now, Daddy ran the whiskey in a big block Dodge.

Bought it at an auction at the Mason's Lodge.

Johnson County Sheriff painted on the side.

Just shot a coat of primer then he looked inside.

Well, him and my uncle tore that engine down

I still remember that rumblin' sound.
          G
Then the sheriff came around in the middle of the night
D
Heard mama cryin', knew something wasn't right.
          G
He was headed down to Knoxville with the weekly load
            D
You could smell the whiskey burnin' down Copperhead Road.

| *Interlude* | | **D** | | | | |

Guitar Solo	‖: D			:‖
	‖: G		D	:‖

Verse 3

                    D
I volun - teered for the Army on my birthday,

They draft the white trash first, 'round here anyway.

I done two tours of duty in Vietnam.

I came home with a brand-new plan.

I'd take the seed from Colombia and Mexico

I'd just plant it up the holler down Copperhead Road.
            G
Now the D.E.A's got a chopper in the air,
   D
I wake up screamin' like I'm back over there.
  G
I learned a thing or two from Charlie don't you know,
       D
You better stay away from Copperhead Road.

Interlude | **D** | | | |

           D
Outro   Copperhead Road. Copperhead Road. Copperhead Road.

Crazy Little Thing Called Love

Words and Music by
Freddie Mercury

Melody:

This thing — called love, —

D	Dsus4	G	C	Bb	E	A	F

Intro |D Dsus4 D |D Dsus4 D |D Dsus4 D |D Dsus4 D |

Verse 1

         D
This thing __ called love,
   G   **C**   **G**
I just __ can't handle it.
         D
This thing, __ called love,
   G   **C**   **G**
I must __ get 'round to it.
         D
I ain't ready.
Bb   **C**   **D**
Crazy little thing called love.

Verse 2

         D
This thing __ (This thing.) called love, (Called love.)
   G   **C**   **G**
It cries __ (Like a baby.) in a cradle all night.
         D
It swings, __ (Woo, woo.) it jives, (Woo,woo.)
   G   **C**   **G**
It shakes __ all over like a jellyfish.
         D
I kinda like it.
Bb   **C**   **D**
Crazy little thing called love.

Bridge 1

G
There goes my baby,

    C   G
She knows how to rock 'n' roll.

       Bb
She drives me crazy.

       E   A
She gives me hot and cold fever,

       F N.C.   E   A
Then she leaves me in a cool, cool sweat.

Verse 3

A   D
  I gotta be cool, __ relax,

    G   C   G
Get hip, __ get on my tracks,

    D
Take the back seat, hitch hike,

  G   C   G
And take a long ride on my motor-bike

    D
Until I'm ready.

Bb   C   D
Crazy little thing called love.

Guitar Solo

Bb			D			
Bb			E	A	F N.C.	
			E		A	

Verse 4   *Repeat Verse 3*

Verse 5   *Repeat Verse 1*

Outro

   Bb   C   D
‖: Crazy little thing called love. :‖   *Repeat and fade*

Dance with Me

Words and Music by
John and Johanna Hall

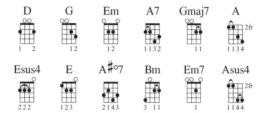

Intro

D		G		
Em	A7	D		

Verse 1

D
Dance with me. I want to be your partner.

G
Can't you see? The music is just starting.

Em   **A7**
Night is calling, and I am falling.

D
Dance with me.

Verse 2

D
Fantasy could never be so killing.

G
I feel free. I hope that you are willing.

Em   **A7**
Pick the beat up, and kick your feet up.

D
Dance with me.

Chorus 1

Gmaj7   **A**
Let it lift you off the ground.

Gmaj   **Esus4**   **E**
Starry eyes, and love is all a - round us.

G   **A**   **A$\sharp$°7**   **Bm**
I can take you where ____ you want ____ to go.

Em7 Asus4 A
Oh,   oh.

Verse 3   *Repeat Verse 1*

**Harmonica
Solo**   *Repeat Verse 1, 2 times*

Chorus 2   *Repeat Chorus 1*

Verse 4   *Repeat Verse 1*

Outro |D |G |D |G |
               |D |G |N.C. |G A D |

Dancing Queen

Words and Music by Benny Andersson,
Björn Ulvaeus and Stig Anderson

Melody:

Ah.

To match recording, capo II

G   C   D   Em7   B7   Em   A7   Am7   D7

Intro

| G | C | G | C | |
Ah.

| G | C | G   D | Em7 G |
Ah, _____ oh, yeah.

Chorus 1

D   B7
You can dance, you can jive,

Em   A7
Having the time of your life.

          C   Am7
Ooh, see that girl. Watch that scene,

                 G   C G
Diggin' the dancing queen. __

Verse 1

G   C
Friday night and the lights are low.

G   Em
Looking out for a place to go, ___ oh,

D   G
Where they play the right music.

D   G
Getting in the swing,

              D   Em   D Em
You come to look for a king.

Verse 2

```
            G                    C
Anybody could be that guy.

G                              Em
Night is young and the music's high.

D              G
With a bit of rock music,

D          G
Ev'rything is fine.

               D    Em        D  Em
You're in the mood for a dance, __

               Am7            D7
And when you get the chance
```

Chorus 2

```
                 G
You are the dancing queen,

C                      G       C
Young and sweet, only seventeen. __

G          C
Dancing queen, feel the beat

            G         D  Em7  G
From the tambourine, oh, yeah. __

D              B7
You can dance. You can jive,

Em                      A7
Having the time of your life.

      C          Am7
Ooh, see that girl. Watch that scene,

            G            C G C G
Diggin' the dancing queen. _____
```

Verse 3

```
G                         C
You're a teaser, you turn 'em on.

G                           Em
Leave 'em burning and then you're gone.

D              G
Looking out for an - other,

D        G
Anyone will do.

            D    Em        D  Em
You're in the mood for a dance, __

                 Am7           D7
And when you get the chance
```

Chorus 3

```
              G
You are the dancing queen,

C                   G        C
Young and sweet, only seventeen. __

G          C
Dancing queen, feel the beat

        G           D  Em7  G
From the tambourine, oh, yeah. __

D              B7
You can dance. You can jive,

Em                      A7
Having the time of your life.

     C          Am7
Ooh, see that girl. Watch that scene,

           G              C  G
Diggin' the dancing queen. __

C         G             C  G  C
   Diggin' the dancing queen. __
```

Outro   ‖: G | C | G | C   :‖ *Repeat and fade*

Don't Cry for Me Argentina
from EVITA

Words by Tim Rice
Music by Andrew Lloyd Webber

Melody:

It won't be eas - y, you'll think it

Verse 1

          C   **F**
Eva: It won't be easy, you'll think it strange

                         G7
When I try to explain how I feel,

                                     C
That I still need your love after all that I've done.

                   C6
You won't be - lieve me.

                   D
All you will see is a girl you once knew,

       D7   **G**
Al - though she's dressed up to the nines,

       D   **G**
At sixes and sevens with you.

Verse 2

```
C                              F
     I had to let it happen, I had to change,

                              G7
Couldn't stay all my life down at heel,

                                   C
Looking out of the window, staying out of the sun.

         C6                          D
So I chose freedom, running around trying ev'rything new,

    D7                      G
But nothing impressed me at all,

    D           G
I never expected it to.
```

Chorus 1

```
C                           C6      C
Don't cry for me, Argentina, the truth is I never left you.

         G                    Am
All through my wild days, my mad ex - istence,

       Cmaj7                 Fmaj7    F6  F*
I kept my promise, don't keep your distance.
```

Verse 3

```
C                         F                  G7
     And as for fortune and as for fame, I never invited them in,

                              C
Though it seemed to the world they were all I desired.

       C6                          D
They are illusions, they're not the solutions they promised to be,

    D7                G
The answer was here all the time.

    D               G
I love you and hope you love me.

N.C.
Don't cry for me, Argentina.
```

| *Interlude* | Fmaj7 C | Dm7 C | G | Am | |
| | Cmaj7 | F | | | |

C

Chorus 2   Don't cry for me, Argentina, the truth is I never left you.

          G7   **Am**

All through my wild days, my mad ex - istence,

        Cmaj7   **Fmaj7**

I kept my promise, don't keep your distance.

  Fmaj7   **Em7**

Outro   Have I said too much? There's nothing more I can think of to say to you.

  Fmaj7   **C**

But all you have to do is look at me to know that ev'ry word is true.

Daniel

Words and Music by
Elton John and Bernie Taupin

Melody:

Dan-iel is trav - 'ling to - night __ on a plane. __

C   F   G   Csus4   Dm7   E7   Am   A♭   A7

Intro

| C | | | F | | |
| G | | | C Csus4 | C | |

Verse 1

        C   Dm7
Daniel is trav'ling tonight on a plane.

    G   E7   Am
I can see the red tail lights heading for Spain.

            F   G   Am
Oh, and   I can see Dan - iel waving goodbye.

                F   G   F   C
God, it looks __ like Daniel,   must be the clouds ___ in my eyes.

Interlude

| C | | | G | | |

Verse 2

        C   Dm7
They say Spain is pretty 'though I've nev - er been.

    G   E7   Am
Well, Daniel says it's the best place he's ever seen.

            F   G   Am
Oh, and   he should know, __ he's been there enough.

             F   G   F   C
Lord, I __ miss Daniel.   Oh, I miss ___ him so much.

Bridge 1

        F   C

Oh,   Daniel my brother, you are   older than me.

                F   C

Do you still feel the pain of the scars __ that won't heal?

                       Am   F

Your eyes have died, ___ but you see more than I.

A♭   C A7   Dm7   G

Daniel, you're a star   in the face of the sky.

Interlude   *Repeat Verse 1*

Bridge 2   *Repeat Bridge 1*

Verse 3

    C   Dm7

  Daniel is trav'ling tonight on a plane.

G   E7   Am

  I can see the red tail lights heading for Spain.

           F   G   Am

Oh, and   I can see Dan - iel waving goodbye.

             F   G   F   C

God, it looks __ like Daniel,   must be the clouds ___ in my eyes.

             F   G   F   C

Oh God, it looks like Daniel,   must be the clouds ___ in my eyes.

Outro | C | | F | |

              | G | | C Csus4 | C |

Doctor, My Eyes

Words and Music by
Jackson Browne

Melody:

Doc - tor my __ eyes have seen the years __

F   B♭sus4   B♭   Am   Dm   C

Intro

| F | F | | B♭sus4 | B♭ | |
| F | F | | B♭sus4 | B♭ | |

Verse 1

         F
Doctor, my eyes have seen the years

         Am   **Dm**
And the slow ____ parade of fears without cry - ing.

         B♭   **F**
Now I want ____ to understand.

I have done all that I could

         Am   **Dm**
To see the e - vil and the good without hid - ing.

         B♭   **F**
You must help ____ me if you can.

Chorus 1

         Dm F
Doctor, my eyes. ____ Tell me what is wrong.

         Dm   **C N.C.**   **B♭**   **F B♭**
Was I unwise ____ to leave them o - pen for so ____ long?

Verse 2
        F
As I have wandered through this world,

         Am
And each mo - ment has unfurled,

        Dm   **B♭**   **F**
I've been wait - ing to awak - en from these dreams.

People go just where they will.

       Am   **Dm**
I never no - ticed them until I got this feel - ing

     B♭   **F**
That it's lat - er than it seems.

              Dm F
Chorus 2
Doctor, my eyes. ___ Tell me what you see.

           Dm
I hear their cries.

         C N.C.   **B♭sus4 B♭**   **F**
Just say if it's ___ too late for me.

Guitar Solo ‖: **B♭sus4** | **B♭** | **F** | | :‖ *Play 3 times*
| **B♭sus4** | **B♭** | **F** |

 F   **Dm F**
Chorus 3
  Doctor, my eyes. ___ I cannot see the sky.

          Dm
Is this the price

          C N.C.   **B♭** **F**
For having learned ___ how not to cry?

Outro-Guitar Solo ‖: **B♭** | | **F** | :‖ *Repeat and fade*

Drift Away

Words and Music by
Mentor Williams

Day af - ter day I'm more con - fused, _____

To match recording, tune down 1/2 step

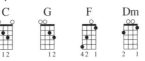

Intro

| C G F G C | G C |

Verse 1

F   C
Day after day I'm more con - fused,

F   G   C
Yet I look for the light in the pouring rain.

F   C
You know that's a game that I hate to lose.

Dm   F
And I'm feelin' the strain, ain't it a shame?

Chorus 1

    C
Oh, give me the beat, boys, and free my soul,

 G   F
I wanna get lost in your rock 'n roll and drift away.

    C
Oh, give me the beat, boys, and free my soul,

 G   F
I wanna get lost in your rock 'n roll and drift away.

| C G F G C | G C |

Verse 2

F   C
Beginning to think that I'm wastin' time.

F   G   C
I don't under - stand the things I do.

F   C
The world outside looks so un - kind.

Dm   F
Now, I'm countin' on you   to carry me through.

Chorus 2   Repeat Chorus 1

Bridge

Dm
And when my mind is free

F   C
You know a melody can move me.

Dm
And when I'm feelin' blue

F   G
A guitar's comin' through to soothe ___ me.

Verse 3

F   C
Thanks for the joy that you've given me.

F   G   C
I want you to know ___ I believe in your song.

F   C
Rhythm and rhyme and harmony. ___

Dm   F
You help me along,   makin' me strong.

Chorus 3

          C
‖: Oh, give me the beat, boys, and free my soul,

 G   F
I wanna get lost in your rock 'n roll and drift away.

C
Give me the beat, boys, and free my soul,

 G   F
I wanna get lost in your rock 'n roll and drift away. :‖

                                 C   G   F
Na, na, na, won't you, won't you take me, whoa, take me.

Outro   ‖: C | G | F | :‖ *Repeat and fade*

Edelweiss
from THE SOUND OF MUSIC

Lyrics by Oscar Hammerstein II
Music by Richard Rodgers

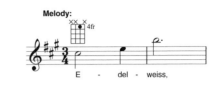

Melody:

E - del - weiss,

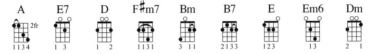

A   E7   D   F#m7   Bm   B7   E   Em6   Dm

Verse

   A   E7   **A**   **D**
Edel - weiss, edel - weiss,

   A   F#m7   Bm   E7
Ev'ry morning you greet me.

   A   E7   A   D
Small and white, clean and bright.

   A   E7   A
You look happy to meet me.

Bridge

   E7
Blossom of snow,

       A
May you bloom and grow,

   D   B7   E   E7
Bloom and grow for - ev - er.

Outro

   A   Em6 D   Dm
Edel - weiss, edel - weiss,

   A   E7   A
Bless my homeland for - ever.

Fast Car

Words and Music by
Tracy Chapman

Melody:

You got a fast __ car,

To match recording, capo II

Cmaj7   G   Em   Dadd4   C   D

Intro   ‖:Cmaj7   G |Em   Dadd4   :‖   *Play 4 times*

Verse 1

Cmaj7   G
You got a fast __ car,

Em   Dadd4
I want a ticket ____ to anywhere.

Cmaj7   G
Maybe we make a deal,

Em   Dadd4
Maybe together we can get somewhere.

Cmaj7   G
Anyplace is better.

Em   Dadd4
Starting from zero, got nothing to lose.

Cmaj7   G
Maybe we'll make something;

Em   Dadd4
Me, myself, I got nothing to prove.

| **Interlude 1** | ‖: Cmaj7   G | Em   Dadd4   :‖ |

| **Verse 2** | Cmaj7   G |

Cmaj7   G
You got a fast __ car,

Em   Dadd4
I got a plan ___ to get us out of here.

      Cmaj7   G
I been working at the con - venience store,

Em   Dadd4
Managed to save just a little bit of money.

Cmaj7   G
Won't have to drive too far,

      Em   Dadd4
Just 'cross the border and into the city.

Cmaj7   G
You and I can both get jobs

      Em   Dadd4
And finally see what it means to be living.

Interlude 2   *Repeat Interlude 1*

Verse 3
      Cmaj7   G
You see, my old man's got a problem.

      Em   Dadd4
He live with the bottle, that's the way it is.

      Cmaj7   G
He says his body's too old for working;

      Em   Dadd4
His body's too young ___ to look like his.

      Cmaj7   G
My mama went off and left him;

      Em   Dadd4
She wanted more from life than he could give.

      Cmaj7   G
I said somebody's got to take care of him.

      Em   Dadd4
So I quit school and that's what I did.

Interlude 3	*Repeat Interlude 1*

Cmaj7   G
Verse 4

You got a fast ___ car,

      Em   **Dadd4**
But is it fast enough so we can fly away?

Cmaj7   **G**
We gotta make a decision:

Em   **Dadd4**
Leave tonight or live and die this way.

│**Cmaj7**   **G** │**Em**   **Dadd4** │**Cmaj7**   **G**   │
Em   **Dadd4**
  'Cause I remember when we were...

C
Chorus 1

Driving, driving in your car,

  G
The speed so fast I felt like I was drunk.

Em
  City lights lay out before us

      D
And your arm felt nice wrapped 'round my shoulder.

   C **Em**   **D**
And I, I had a feeling that I belonged.

C **Em**   **D**
I, I had a feeling I could be someone,

C   **D**
Be someone, be someone.

Interlude 4   *Repeat Interlude 1*

Verse 5

Cmaj7   G
You got a fast __ car.

Em   Dadd4
We go cruising to entertain ourselves.

   Cmaj7   G
You still ain't got a job

     Em   Dadd4
And I work in a market as a checkout girl.

Cmaj7   G
I know things will get better;

Em   Dadd4
You'll find work and I'll get promoted.

Cmaj7   G
We'll move out of the shelter,

Em   Dadd4
Buy a big house and live in the suburbs.

| Cmaj7 G | Em Dadd4 | Cmaj7 G | |

Em   Dadd4
  'Cause I remember when we were...

Chorus 2   *Repeat Chorus 1*

Interlude 5   *Repeat Interlude 1*

Verse 6

Cmaj7   G
You got a fast __ car.

Em   Dadd4
I got a job that pays all our bills.

  Cmaj7   G
You stay out drinking late at the bar;

  Em   Dadd4
See more of your friends than you do of your kids.

Cmaj7   G
I'd always hoped for better;

   Em   Dadd4
Thought maybe together you and me'd find it.

 Cmaj7   G
I got no plans, I ain't going nowhere,

  Em   Dadd4
So take your fast car and keep on driving.

|Cmaj7 G |Em Dadd4 |Cmaj7 G |

Em Dadd4
 'Cause I remember when we were...

Chorus 3   *Repeat Chorus 1*

Interlude 6   *Repeat Interlude 1*

Verse 7

Cmaj7   G
You got a fast __ car.

  Em   Dadd4
Is it fast enough so you can fly away?

Cmaj7   G
You gotta make a decision:

Em   Dadd4
Leave tonight or live and die this way.

Outro

‖: Cmaj7 G |Em Dadd4 :‖ *Play 3 times*
| Cmaj7 G ‖

Eight Miles High

Words and Music by Roger McGuinn,
David Crosby and Gene Clark

Melody:

Eight miles high and light-ly touch __

E5   Em   F#m7   G6   D   C   G   Cadd9

A   Em7   G5   A5   Asus2   E   E9(no3rd)

Intro   ‖: E5 | | :‖ *Play 4 times*

Verse 1
Em F#m7 G6 D   C
Eight miles   high and lightly touch ___ down,

G   D   C   Cadd9 C Cadd9
    You'll find that it's stranger than known.

Em F#m7 G6   D   C
Signs in the ___ street that say where you're ___ going,

G   D   C Cadd9 C Cadd9
    Out some - where just being a - lone.

| Em   F#m7 |G6   F#m7 |

Verse 2
Em F#m7 G6 D   C
No - where is   there warmth to be ___ found

G   D   C   Cadd9 C Cadd9
    Among those afraid of los - ing their ground.

Em F#m7 G6 D   C
Rain-grey   town   known for it's ___ sound,

G   D   C Cadd9 C Cadd9
    In places ___ small faces un - bound.

Guitar Solo

```
|Em   F#m7 |Em   F#m7 |Em            |
|A         |Em7   A   |         Em7  |
|      A   |          |Em7           |
|A         |Em7       |A             |
|Em7   A   |          |Em7           |
|A         |Em7       |A             |
|G5    A5  |          |Em7           |
|A5   Em7  |          |Asus2         |
```

Verse 3

Em   F#m7 G6   D   C
'Round the   squares   huddled in ___ storms,

G   D
   Some laughing, ___ some just

       C Cadd9   C Cadd9
Shape - less ___ forms.

Em F#m7 G6   D   C
Side - walk   scenes   and black limo - sines,

G   D   C Cadd9   C Cadd9
   Some living, ___ some standing a   -   lone.

Outro

```
|Em   F#m7 |Em   F#m7 |Em    |
|A5        |G5    A5  |      |
|G5        |A5        |Em7   |
|Asus2     |Em7       |Asus2 |
|Em7       |Asus2     |G5    |
|Asus2     |G5        |E     |
|   E9(no3rd)|
```

Fly Like an Eagle

Words and Music by
Steve Miller

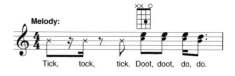

Melody:

Tick, tock, tick. Doot, doot, do, do.

Am7   Am   D   Dm

1 1 3 3   1 1 2 4   2   3   2   1

Intro

‖: **Am7** | :‖
  Am7
‖: Tick, tock, tick. Doot, doot, do, do. :‖ *Play 4 times*

Verse 1

Am7
Time keeps on slippin', slippin', slippin' into the future.

Time keeps on slippin', slippin', slippin' into the future.

Chorus 1

         Am   **D** **Dm**   **Am**
I wanna fly ___ like an ea - gle   to the sea. ___

         D   **Dm**   **Am**
Fly like an ea - gle, let my spirit carry me. ___

           D **Dm**   **Am**
I want to fly like an ea - gle   till I'm free. ___

       D   **Dm** **Am**
Oh, Lord, through the revo - lution. ___

Verse 2	**Am7** **D**
	Feed the ba - bies who don't have enough to eat.
	
	    Dm **Am**
	Shoe the chil - dren with no shoes on their feet.
	
	   Am7 D
	House the peo - ple livin' in the street.
	
	Dm **Am7**
	Oh, there is a solu - tion.

Chorus 2	**Am** **D** **Dm** **Am**
	I want to fly ___ like an ea - gle to the sea. ___
	
	    D **Dm** **Am**
	Fly like an ea - gle, let my spirit carry me. ___
	
	     D **Dm** **Am**
	I want to fly like an ea - gle till I'm free, ___
	
	  D **Dm** **Am**
	Right through the revo - lution. ___

Verse 3	*Repeat Verse 1, 2 times*
Bridge	**Am7** ‖: Do, doot-n', do, do. :‖ ***Play 8 times***
Chorus 3	*Repeat Chorus 2*
Interlude	‖:**Am** |**D** |**Dm** |**Am** :‖ **Am7** ‖: Tick, tock, tick. Doot, doot, do, do. :‖ ***Play 4 times***
Outro	*Repeat Verse 1 and fade*

Georgia on My Mind

Words by Stuart Gorrell
Music by Hoagy Carmichael

Melody:

Geor - gia, ____ Geor - gia, ____

G   Gmaj7   G6   Cm   G°7   A7   D7   F#m7b5   B7   Em7

C7   C#°7   E7   F9   Am7   Em6   F#7   Bm7   Bb7

Intro

| G   Gmaj7 | G6   Cm | G°7   G | A7   D7 |

Verse 1

G   F#m7b5   B7 Em7   C7 C#°7
Georgia,   Georg - ia,   the whole day through. __

G   E7 A7   D7   F9
Just an old sweet song __   keeps Georgia on my mind.

E7   A7   D7
(Georgia on my mind.) __

G   F#m7b5   B7 Em7   C7   C#°7
I said, uh, Georgia,   Georg - ia,   a song of you,

G   E7 A7
Comes as sweet and clear __

D7   G C7 G B7
As moon - light through the pines. __

Bridge 1

Em7   Am7 Em6   C7
Other arms ___   reach out to me.

Em7   Am7   Em7   A7
Other eyes ___ smile ___ tender - ly.

Em7   Am7   Em7   F#7
Still in ___ peaceful ___ dreams I see,

Bm7   Bb7   A7   D7
The road leads back to you.

Verse 2

        G   F#m7b5   B7 Em7   C7   C#°7
I say, Georgia,   whoa, Georg - ia,   no peace I __ find.

       G   E7 A7   D7   G
Just an old sweet song __   keeps Georg - ia on my mind.

        C7   Gmaj7 B7
(Georgia on my mind, ah.)

Bridge 2

Em7   Am7   Em6   C7
  Other arms ____ reach __ out to me.

Em7   Am7   Em7   A7
  Other eyes ____ smile ____ tender - ly.

Em7   Am7   Em7   F#7
  Still in ___ peace - ful dreams I see,

       Bm7   Bb7   A7 D7
The road ____ leads back to you. __

Verse 3

        G   F#m7b5   B7
Whoa, whoa, __ Georgia,   Georg - ia,

Em7   C7   C#°7
  No peace, no peace I find.

       G   E7 A7   D7   F9 E7
Just an old sweet song __   keeps Georg - ia on my mind. __

       Bm7
(Georgia on my mind.)

      A7   D7   G
I said just an old, sweet song   keeps Georgia on my mind.

Give a Little Bit

Words and Music by Rick Davies
and Roger Hodgson

Melody:

Give a lit - tle bit, ____

A   D   G   Bm   Esus4   E   Bm7   F#7   Gmaj7   C

Intro   A ‖: D   A │ D   G │ A   G │ A   G :‖

Verse 1
　　　　　D　　　　　　　　A
　　　　Give a little bit,

　　　　　D　　　　　G　　　A　　　　G A　　G
　　　　Give a little bit of your love __ to me.

　　　　　D　　　　　　　　　A
　　　　　I'll give a little bit, __

　　　　　D　　　　　　　　G　　A　　　G A　　G
　　　　　I'll give a little bit of my love __ to you.

　　　Bm　　　　　　　　　　　　　Esus4　E
　　　　There's so much that we need ____ to share,

　　　　　G　　　　　　　　Bm7　A　　D　　A
　　　So send a smile and show __ you care.

Verse 2
　　　　　D　　　　　　　　　　A
　　　　I'll give a little bit,

　　　　　D　　　　　　　　G　　A　　　　G　A　　G
　　　　I'll give a little bit of my life __ for you.

　　　　　D　　　　　　　A
　　　　　So, give a little bit,

　　　　　D　　　　　　　　G　　　A　　　　G　A　　G
　　　　　Oh, give a little bit of your time __ to me.

　　　Bm　　　　　　　　Esus4　E
　　　　See the man with the lone - ly eyes?

　　　　　G　　　　　　　Bm7　A　　D　　A
　　　Oh, take his hand, you'll be sur - prised.　　Oh take it!

Sax Solo | F#7 | Gmaj7 | F#7 | Gmaj7 |
               | F#7 | G | C   G |
               ||: A | D :|| A | |

Verse 3
       D   A
       Give a little bit,

       D   G   A   G A   G
       Give a little bit of your love __ to me.

       D   A
       I'll give a little bit,

       D   G   A   G A   G
       I'll give a little bit of my life __ to you.

       Bm   Esus4   E
       Now's the time that we need ____ to share,

          G
       So find yourself,

            C   G   A   D
       We're on our way back home.

       A   D   A   D
       Oh, __ goin' home.

       A   D   A   D
       Don't you need, don't you need to feel at home?

       A   D
       Oh, yeah, __ we gotta sing.

Outro ||: D   G | A   G   D | C | G   D   :|| *Play 4 times*
            | C | G   D | C | G   D |
            | C | G | | D G |
            | A   G   D | | |

THE MIGHTY MANDOLIN SONGBOOK   **69**

Hallelujah

Words and Music by
Leonard Cohen

Intro | C | G |

Verse 1

          C   Am
Now, I've heard there was a secret chord

     C   Am
That David played, and it pleased the Lord,

    F   G   C   G
But you don't really care for music, do ya?

    C   F   G
It goes like this, the fourth, the fifth,

    Am   F
The minor fall, the major lift.

    G   E7   Am
The baffled king com - posing "Halle - lujah."

	F Am
Chorus 1	Halle - lujah! Halle - lujah!

F   C G C   G
Halle - lujah! Halle - lu - jah!

Verse 2

C   Am
Your faith was strong, but you needed proof.

C   Am
You saw her bathing on the roof.

F   G   C   G
Her beauty and the moonlight over - threw ya.

C   F   G
She tied you to her kitchen chair.

Am   F
She broke your throne, and she cut your hair,

G   E7   Am
And from your lips she drew the halle - lujah.

Chorus 2   *Repeat Chorus 1*

Verse 3

C   Am
You say I took the Name in vain.

C   Am
I don't even know the Name,

F   G   C   G
But if I did, well, really, what's it to ya?

C   F   G
There's a blaze of light in ev'ry word.

Am   F
It doesn't matter which you heard,

G   E7   Am
The holy or the broken halle - lujah.

Chorus 3   *Repeat Chorus 1*

Verse 4

        C   **Am**
Spoken: I did my best, it wasn't much.

   C   **Am**
I couldn't feel, so I tried to touch.

    F   **G**   **C G**
I've told the truth, I didn't come to fool ya.

   C   **F**   **G**
And even though it all went wrong,

   Am   **F**
I'll stand before the Lord of song

   G   **E7**   **Am**
With nothing on my tongue   but "Halle - lujah."

Chorus 4

     F   **Am**
‖: Halle - lujah! Halle - lujah!

     F   **C G**
Halle - lujah! Halle - lu - jah! :‖ ***Repeat and fade***

Hey Jude

Words and Music by John Lennon
and Paul McCartney

Melody:

Hey   Jude,   don't make it   bad,

To match recording, capo I

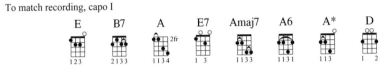

E   B7   A   E7   Amaj7   A6   A*   D

Verse 1

      E   B7
Hey Jude, don't make it bad.

                  E
Take a sad song and make it better.

    A   E
Re-member to let her into your heart,

      B7   E
Then you can start to make it bet - ter.

Verse 2

      E   B7
Hey Jude, don't be afraid.

                  E
You were made to go out and get her.

    A   E
The minute you let her under your skin,

      B7   E   E7
Then you be - gin to make it bet - ter.

Bridge 1

                                  A
And anytime you feel the pain,

       Amaj7   A6
Hey Jude, re - frain.

           A*   B7   **E**   **E7**
Don't car - ry the world upon your shoul - ders.

                         A
For well you know that it's a fool

       Amaj7 A6
Who plays it cool

           A*   **B7**   **E**
By mak - ing his world a little colder.

          E7   **B7**
Na, na, na, na, na, na, na, na, na.

Verse 3

       E   **B7**
Hey Jude, don't let me down.

                            E
You have found her, now go and get her.

       A   **E**
Re - member to let her into your heart,

            B7   **E**   **E7**
Then you can start to make it bet - ter.

Bridge 2

                 A
So let it out and let it in,

     Amaj7   **A6**
Hey Jude, be - gin,

           A*   **B7**   **E**   **E7**
You're wait - ing for some - one to per - form with.

                     A
And don't you know that it's just you,

     Amaj7   **A6**
Hey Jude, you'll do.

    A*   **B7**   **E**
The movement you need is on your shoulder.

        E7   **B7**
Na, na, na, na, na, na, na, na, na. Yeah.

Verse 4

      E   **B7**
Hey Jude, don't make it bad.

                   E
Take a sad song and make it better.

   A   **E**
Re - member to let her under your skin,

     B7   **E**
Then you be - gin to make it bet - ter,

Better, better, better, better, better, oh.

Outro

 E   **D**
‖: Na,   na, na, na, na, na, na,

A   **E**
Na, na, na, na. Hey Jude. :‖ *Repeat and fade*

Have I Told You Lately

Words and Music by
Van Morrison

Melody:

Have I told ___ you late-ly that I love you?

To match recording, capo I

A   C#m7   D   Dmaj7   Bm7

Intro

|A C#m7 |D |A C#m7 |D |

Verse 1

       A   C#m7   D
Have I told you lately that I love you?

       A   C#m7   D
Have I told you there's no one else above ____ you?

Dmaj7   C#m7
   Fill my heart with gladness,   take away all my sadness,

Bm7   D   A   D
   Ease my troubles, that's what you do.

Verse 2

       A   C#m7   D
For the mornin' sun in all its glo - ry

       A   C#m7   D
Greets the day with hope and comfort, too.

Dmaj7   C#m7
   You fill my life with laughter   and somehow you make it better,

Bm7   D   A Bm7 A
   Ease my troubles, that's what you do.

Bridge 1

Dmaj7
There's a love that's divine

         C#m7   Bm7 C#m7
And it's yours and it's mine ___ like the sun.

Dmaj7
And at the end of the day we should give thanks and pray

C#m7   D
To the one, to the one.

Verse 3   *Repeat Verse 1*

Guitar Solo *Repeat Verse 2 (Instrumental)*

Bridge 2 *Repeat Bridge 1 (Instrumental)*

         A C#m7 D
Verse 4 And have I told you lately that I love you?

        A   C#m7   D
Have I told you there's no one else a - bove you?

Dmaj7   C#m7
 You fill my heart with gladness, take away my sadness,

Bm7   D   A Bm7 A
 Ease my troubles, that's what you do.

Dmaj7   C#m7
 Take away all my sadness, fill my life with gladness,

Bm7   D   A Bm7 A
 Ease my troubles that's what you do.

Dmaj7   C#m7
 Take away all my sadness, fill my life with gladness,

Bm7   D   A
 Ease my troubles that's what you do. ___

Have You Ever Seen the Rain?

Words and Music by
John Fogerty

Melody:

Some-one told me long _____ a - go, _____

Am   F   C   G   Cmaj7   Am7

Intro

| Am | F | C | |
| G | C | | |

Verse 1

C
Someone told me long ago, there's a calm before the storm.

G   C
I know, ___ it's been comin' for ___ some time.

When it's over, so they say, it'll rain a sunny day.

G   C
I know, ___ shinin' down like water.

Chorus 1

F   G   C Cmaj7 Am Am7
I want to know, have you ever seen the rain?

F   G   C Cmaj7 Am Am7
I want to know have you ever seen the rain

F   G   C
Comin' down ___ a sunny day?

Verse 2

             C
             Yesterday and days before, sun is cold and rain is hard.

         G   C
I know, ___ been that way for all ___ my time.

'Til forever, on it goes, through the circle, fast and slow.

         G   C
I know, ___ it can't stop, I won - der.

Chorus 2

F   G   C Cmaj7 Am Am7
  I want to know, have you ever seen the rain?

F   G   C Cmaj7 Am Am7
  I want to know have you ever seen the rain

F   G   C
  Comin' down ___ a sunny day?

     F   G   C Cmaj7 Am Am7
Yeah,   I want to know have you ever seen the rain?

F   G   C Cmaj7 Am Am7
  I want to know have you ever seen the rain

F   G   C G C
  Comin' down ___ a sunny day? ___

Hey, Good Lookin'

Words and Music by
Hank Williams

Melody:

Hey,   hey,   good   look - in'...

C	D7	G7	C7	F
1 2	1 3 2	2 1	2 1 3 3	4 2 1

Intro   N.C. |D7 |G7 |C | | |

Verse 1
       C
Hey, hey, good lookin',

What-cha got cookin'?

D7   G7   C G7
How's about cookin' somethin' up with me?

C
Hey, sweet baby,

Don't you think maybe

D7   G7   C C7
We could find us a brand new reci-pe?

Bridge 1
         F   C
I got a hot rod and a Ford and a two dollar bill

    F   C
And I know a spot right over the hill.

F   C
There's soda pop and the dancin's free,

       D7   G7
So if you wanna have fun come a-long with me.

	C
Verse 2	Hey, good lookin',
	What-cha got cookin'?

| | D7 | G7 | C |
| How's about cookin' somethin' up with me? |

Guitar Solo   *Repeat Verse 2*

	C
Verse 3	I'm free and ready

So we can go steady.

| D7 | G7 | C G7 |
| How's about savin' all your time for me. |

C
No more lookin'

I know I've been tooken.

| D7 | G7 | C C7 |
| How's about keepin' steady compa-ny? |

	F C
Bridge 2	I'm gonna throw my date book over the fence

F   C
And find me one for five or ten cents;

F   C
I'll keep it till it's covered with age

          D7   G7
'Cause I'm writin' your name down on ev'ry page.

	C
Verse 4	Hey, good lookin',

What-cha got cookin'?

D7   G7   C
How's about cookin' somethin' up with me?

D7   G7   C   G7   C
How's about cookin' somethin' up with me?

Hey There Delilah

Words and Music by
Tom Higgenson

Melody:

Hey there, De-li - lah, what's it   like   in   New _York

D5   F#m   Bm   Bm7   G   A   Bm(add9)   D

Intro | D5 | F#m | D5 | F#m |

Verse 1

     D5   **F#m**
Hey there, Delilah, what's it like in New York City?

    D5
I'm a thousand miles away but, girl,

    F#m   **Bm** **Bm7**
Tonight ____ you look so pretty. Yes you do.

G   **A**   **Bm**   **A**
Times Square can't shine as bright as you, I swear it's true.

D5   **F#m**
Hey there, Delilah, don't you worry about the distance.

    D5   **F#m**
I'm right there if you get lonely, give this song another listen.

     Bm **Bm7**
Close your eyes,

G   **A**   **Bm**   **A**
Listen to my voice, it's my dis - guise. I'm by your side.

<pre>
              D5   Bm Bm(add9)
Chorus 1   Oh, it's what you do to me.

              D5   Bm Bm(add9)
              Oh, it's what you do to me.

              D5   Bm Bm(add9)
              Oh, it's what you do to me.

              D5   Bm   Bm(add9) D5
              Oh, it's what you do to me, ___ what you do to me.

              D5   F#m
Verse 2   Hey there, Delilah, I know times are getting hard

                        D5
              But just believe ___ me, girl,

                                 F#m   Bm Bm7
              Someday I'll pay the bills ___ with this guitar. We'll have it good.

              G   A   Bm   A
                We'll have the life ___ we knew we would, ___ my word is good.

              D5   F#m
                Hey there, Delilah, I've got so much left to say.

                   D5
              If ev'ry simple song I wrote to you
                 F#m   Bm Bm7
              Would take your breath away, I'd write it all.

              G   A   Bm   A
                Even more in love ___ with me you'd ___ fall, we'd have it all.
</pre>

Chorus 2

D5   **Bm Bm(add9)**
Oh, it's what you do to me.

D5   **Bm Bm(add9)**
Oh, it's what you do to me.

D5   **Bm Bm(add9)**
Oh, it's what you do to me.

D5   **Bm**
Oh, it's what you do to me.

Bridge

  G
A thousand miles seems pretty far,

   A
But they've ____ got planes and trains and cars.

 D5   **Bm   Bm7**
I'd walk to you if I had no other way.

 G
Our friends would all make fun of us

   A   **D5**
And we'll ____ just laugh along because we know

       Bm   Bm7
That none of them have felt this way.

 G   **A**
De - lilah, I can promise you that by ____ the time that we get through

   Bm   **A**
The world ____ will never ever be the same, and you're to blame.

Verse 3

D5   F#m
Hey there, Delilah, you be good and don't miss me.

          D5
Two more years and you'll be done with school

    F#m   Bm Bm7
And I'll ___ be makin' hist'ry like I do.

G   A   Bm Bm7
You'll know it's all ___ because of you,

G   A   Bm Bm7
We can do whatev - er we want   to.

G   A   Bm   A
Hey there, Deli - lah, here's to you, ___ this one's for you.

Outro-Chorus

D5   Bm Bm(add9)
Oh, it's what you do to me.

D5   Bm Bm(add9)
Oh, it's what you do to me.

D5   Bm Bm(add9)
Oh, it's what you do to me.

D5   Bm   Bm(add9) D5
Oh, it's what you do to me, ___ what you do to me.

    Bm   Bm(add9) D5
Ho, whoa, whoa,   oh.

      Bm Bm(add9) D5   Bm
Whoa, ___ whoa, _____ whoa.

    Bm(add9) D5 Bm Bm(add9) D5 D
Oh. _____ Oh.

Ho Hey

Words and Music by
Jeremy Fraites and Wesley Schultz

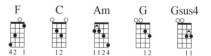

(Ho!) I've been try'n' to do ___ it right.

F   **C**   **Am**   **G**   **Gsus4**

Intro

         F   C F C   F
‖: (Ho!   Hey!)   :‖

Verse 1

   C   F
(Ho!) I've been try'n' to do it right.

   C   F
(Hey!) I've been living a lonely life.

   C   F
(Ho!) I've been sleeping here instead,

   C
(Hey!) I've been sleeping in my bed,

 Am   G   F
(Ho!) I've been sleeping in my bed.

   C   F C   F
(Hey!   Ho!)

Verse 2

C   F
(Ho!) So show me, family,

C   F
(Hey!) All the blood that I will bleed.

C   F
(Ho!) I don't know where I belong,

C
(Hey!) I don't know where I went wrong,

Am   G   F   C
(Ho!) But I can write a song. ___ (Hey!)

Chorus 1

                Am   G
I belong with you, you belong with me.

                    C
You're my sweet - heart.

                Am   G
I belong with you, you belong with me.

              F   C   F
You're my sweet - heart.

 C   F C   F
(Hey!   Ho!

C   F
Hey!)

Verse 3

C   F
(Ho!) I don't think you're right for him.

C   F
(Hey!) Look at what it might have been

 F   C   F
If you (Ho!) took a bus to Chinatown.

C
(Hey!) I'd be standing on Canal

Am   G   F   C
(Ho!) and Bow - ery. ___ (Hey!

Am   G   F   C
Ho!) You should be standing next ___ to me. ___ (Hey!)

Chorus 2

                           Am   G
‖: I belong with you, you belong with me.

                       C
You're my sweet - heart. :‖

Bridge

                F C   Gsus4
And love ___ we need ___ it now.

C   F   C   Gsus4
  Let's hope, ___ let's hope for some,

              F C Gsus4   C
'Cause oh, ___ we're bleeding out.

Outro-Chorus

                  Am   G
I belong with you, you belong with me.

                  C
You're my sweet - heart.

                  Am   G
I belong with you, you belong with me.

              F   C   F
You're my sweet - heart.

 C   F C   F
(Hey!   Ho!

C
Hey!)

A Horse with No Name

Words and Music by
Dewey Bunnell

Melody:

On the first part of the jour - ney

Em D$^6_9$ Em9 Em7 Dmaj7sus2

Intro | Em | D$^6_9$ | Em | D$^6_9$ |

Verse 1

        Em   D$^6_9$
On the first part of the jour - ney

          Em   D$^6_9$
I was looking at all the life. ____

              Em   D$^6_9$
There were plants and birds and rocks ____ and things,

              Em   D$^6_9$
There was sand and hills and rains. ____

          Em   D$^6_9$
The first thing I met was a fly with a buzz

           Em   D$^6_9$
And the sky with no clouds. ____

          Em   D$^6_9$
The heat was hot and the ground was dry,

         Em   D$^6_9$
But the air was full of sounds. ____

Chorus 1

           Em9   D§
I've been through the desert on a horse with no name.

       Em9   D§
It felt good to be out of the rain.

       Em9   D§
In the desert you can re - member your name

          Em9   D§
'Cause there ain't no one for to give you no pain.

     Em9   D§
‖: La, la, la, ____ la, la, la, la, la,

Em9   D§
La, la, la. ____ :‖

Verse 2

       Em   D§
After two days in the desert sun

       Em   D§
My skin began to turn red.

       Em   D§
After three days in the desert fun

       Em   D§
I was looking at a river bed. ____

         Em   D§
And the story it told of a river that flowed

         Em   D§
Made me sad to think it was dead.

Chorus 2

          Em9   D§
You see I've been through the desert on a horse with no name.

       Em9   D§
It felt good to be out of the rain.

       Em9   D§
In the desert you can re - member your name

          Em9   D§
'Cause there ain't no one for to give you no pain.

      Em9   D§
‖: La, la, la, la, ____ la, la, la, la, la,

Em9   D§
La, la, la. ____ :‖

Guitar Solo　　|Em7 Em9 Dmaj7sus2 |　Em9 |　Dmaj7sus2 |　Em9 |

　　　　　　　|　　Dmaj7sus2 |　Em9 |　Dmaj7sus2 |　　|

Verse 3

Em　　　　　　　D6/9
After nine days I let the horse run free

　　Em　　　　　　　　　D6/9
'Cause the desert had turned to sea. ____

　　Em　　　　　　　　　D6/9
There were plants and birds and rocks ____ and things,

　　Em　　　　　　　D6/9
There was sand and hills and rains. ____

Em　　　　　　　　　D6/9
The ocean is a desert with its life underground

　　Em　　　　　　　D6/9
And the perfect disguise above. ____

　　Em　　　D6/9
Under the cities lies a heart made of ground

　　Em　　　　　　　D6/9
But the humans will give no love. ____

Chorus 3

　　　Em9　　　　　　　　D6/9
You see I've been through the desert on a horse with no name.

　Em9　　　　　　D6/9
It felt good to be out of the rain.

　Em9　　　　　　D6/9
In the desert you can re - member your name

　　Em9　　　　　　D6/9
'Cause there ain't no one for to give you no pain.

　Em9　　　D6/9
||: La, la, la, la, ____ la, la, la, la, la,

Em9　　　D6/9
La, la, la. ____ :||　*Repeat and fade*

How Long Blues
(How Long, How Long Blues)

Words and Music by
Leroy Carr

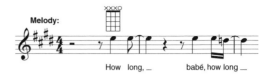

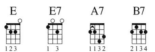

E	E7	A7	B7
1 2 3	1 3	1 1 3 2	2 1 3 4

Intro
    | E | E7 | A7 | | |
    | E | B7 | E B7 | E | |

Verse 1

      E   E7
How long, baby how long

        A7
Has that evening train been gone?

      E   B7   E   B7 E
How long, how how long, baby how long?

Verse 2

          E   E7
Went to the station, didn't see no train.

        A7
Down in my heart, I have an aching pain

      E   B7   E   B7 E
How long, how how long, baby how long?

Verse 3

      E   E7
I feel disgusted, I feel so bad

        A7
Thinking 'bout the good time that I once had

      E   B7   E   B7 E
How long, how how long, baby how long?

Verse 4

        E   E7

I could see the green grass growing on the hill

            A7

I ain't seen no greenback on a dollar bill

   E   B7   E   B7 E

How long, how how long, baby how long?

Verse 5

              Em   E7

You're gonna be sorry you feel so blue

            A7

When you want me, baby, I declare I want, want you.

   E   B7   E   B7 E

How long, how how long, baby how long?

Harmonica Solo   *Repeat Intro*

Verse 6

         E   E7

Don't have no money for to ride the train

            A7

I would ride the rugs, baby, to be with you again.

   E   B7   E   B7 E

How long, how how long, baby how long?

Verse 7

   E   E7

How long, baby how long

       A7

Must I keep my, my watching point?

   E   B7   E   B7 E

How long, how how long, baby how long?

How Sweet It Is
(To Be Loved by You)

Words and Music by Edward Holland,
Lamont Dozier and Brian Holland

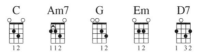

How sweet it is ___ to be ___ loved by

C Am7 G Em D7

Chorus 1

      C   Am7   G
How sweet it is ___ to be loved by you.

    G   Am7   G   C
How sweet it is ___ to be loved by you.

Verse 1

    G   Em
I needed the shelter of someone's arms,

 D7   C
And there you were.

    G   Em
Needed someone to under - stand my ups and downs,

 D7   C
And there you were.

    G   C
With sweet love and devotion,

    G   C
Deeply touching my e - motions.

      G   C
I wanna stop and thank you, baby.

      G N.C.
I wanna stop   and thank you baby. Yes, I do.

Chorus 2

```
C                Am7              G
How sweet it is ___ to be loved by you. Oh, baby. Feels so fine.

C                Am7              G       C
How sweet it is ___ to be loved by you.
```

Verse 2

```
G                    Em
I close my eyes at night,

D7                                       C
Wondering where would I be without you in my life.

G                    Em
Ev'rything I did was just a bore.

D7                              C
Ev'rywhere I went, seems I'd been there before.

G                            Em
But you brighten up for me all ___ of my days.

G                      C
With a love so sweet in so many ways.

                  G              C
I wanna stop ___ and thank you, baby.

          G  N.C.
I wanna stop and thank you, baby. Yeah.
```

Chorus 3

```
C                Am7              G
How sweet it is ___ to be loved by you.
```

It's just like sugar sometimes.

```
C                Am7              G       C
How sweet it is ___ to be loved by you.
```

| *Sax Solo* | ‖:G | |Em | |D7 | |C | :‖ |

Verse 3

G   C
You were better to me than I was to myself,

G   C
For me there's you and there ain't nobody else.

G   C
Stop and thank you baby.

          G N.C.   C
I want to stop   and thank you baby. Oh, yes.

Chorus 4

C   Am7   G
How sweet it is ___ to be loved by you.

C   Am7   G
How sweet it is ___ to be loved by you. Whoa, now.

C   Am7   G
How sweet it is ___ to be loved by you. It's like jelly, babe.

C   Am7   G
How sweet it is ___ to be loved by you.

Just like honey to the bee, babe.

C   Am7   G
How sweet it is ___ to be loved by you.

I Hope You Dance

Words and Music by Tia Sillers
and Mark D. Sanders

Melody:

I hope you nev - er lose...

To match recording, capo I

F#m   D   A   E   Esus4   Bm7

Intro   ‖: F#m   D | | A   E | |
             | F#m   D | | Esus4   E | :‖

Verse 1

A
I hope you never lose your sense of wonder.

F#m
You get your fill __ to eat, but always keep that hunger.

D
May you never take one single breath for granted.

E
God forbid, __ love ever leave you empty handed.

D   E   A
I hope you still __ feel small when you stand beside the ocean.

D   E   A
Whenever one __ door clos - es, I hope one more o - pens.

Bm7   A   D
Promise me __ that you'll give __ faith a fighting chance.

Esus4   E
And when you get the choice to sit it out or dance,

F#m   D   A   E
I hope you dance.

F#m   D   Esus4   E
I hope you dance.

Verse 2
            A
I hope you never fear those mountains in the distance.

        F#m
Never set - tle for the path of least resistance.

      D
Livin' might mean takin' chances if they're worth takin'.

          E
Lovin' might __ be a mistake, but it's worth makin'.

           D   **E**   **A**
Don't let __ some hell - bent heart leave you bitter.

                    D   **E**   **A**
When you come close __ to sell - in' out, reconsid - er.

           Bm7   **A**   **D**
Give the heav - ens above   more than just a passing glance.

                              Esus4 **E**
And when you get the choice to sit it out or dance,

I hope you dance.

Chorus 1
      F#m D   **A**
(Time is a wheel in constant motion,)
I hope you dance.

      E   **F#m D**   **Esus4 E**
(Always roll - ing us along.)
I hope you dance.

          F#m D   **A**   **E**
(Tell me, who wants to look back on their youth and wonder)
I hope you dance.

        F#m   **D**   **Esus4** **E**
(Where __ those years have gone?)
I hope you dance.

Verse 3

            D   **E**   **A**
I hope you still __ feel small when you stand beside the ocean.

            D   **E**   **A**
Whenever one __ door clos - es, I hope one more o - pens.

          Bm7   **A**   **D**
Promise me __ that you'll give __ faith a fighting chance.

                                  Esus4
And when you get the choice to sit it out or dance,

F♯m **D** **A** **E**
Dance.

            F♯m   **D** **Esus4** **E**
I hope you dance.

Chorus 2   *Repeat Chorus 1 till fade*

I Can See Clearly Now

Words and Music by
Johnny Nash

Melody:

I can see clear - ly now, __ the rain __ has gone. __

D   G   A   C   F   C#m   Bm

Intro | D | | | |

Verse 1

D   G   D
I can see clear - ly now, the rain ___ has gone.

               G   A
I can see all ___ obstacles in my way.

D   G   D
Gone are the dark ___ clouds that had ___ me blind.

                  C   G   D
It's gonna be a bright, ___ bright ___ sunshiny day.

                  C   G   D
It's gonna be a bright, ___ bright ___ sunshiny day.

Verse 2

      D   **G**   **D**
I think I can make ___ it now, the pain ___ has gone.

            G   **A**
All of the bad ___ feelings have disappeared.

D   **G**   **D**
Here is that a rain - bow I've been pray - ing for.

                C   **G**   **D**
It's gonna be a bright, ___ bright ___ sunshiny day.

Bridge

F   **C**
Look all around, there's nothing but blue skies.

F   **A**   **C#m G C#m G C Bm A**
Look straight ahead, nothing but blue skies.

Verse 3

D   **G**   **D**
I can see clear - ly now, the rain ___ has gone.

            G   **A**
I can see all ___ obstacles in my way.

D   **G**   **D**
Gone are the dark ___ clouds that had ___ me blind.

                C   **G**   **D**
It's gonna be a bright, ___ bright ___ sunshiny day.

Outro

        D   **C**
‖:   It's gonna be a bright,

        G   **D**
Bright, ___ sunshiny day. :‖ *Repeat and fade*

I Feel the Earth Move

Words and Music by
Carole King

Melody:

I feel the earth move un-der my feet.

To match recording, capo I

Bm7   E   E7   C#m7   Gadd9   Dmaj7   Gmaj7   Em7   Bm6   Amaj7

Intro

| Bm7 | | E Bm7 E | Bm7 | | E | |

Chorus 1

Bm7 E   Bm7   E
I   feel the earth move under my feet.

Bm7 E   Bm7
I   feel the sky tumblin' down.

              E7   Bm7   C#m7
I feel my heart start to tremlin' whenever you're around.

Verse 1

Gadd9 Dmaj7   Gmaj7
Ooh,   baby, when I see your face,

Em7   Gadd9
Mellow as the month of May.

          Dmaj7   Gmaj7
Oh, dar - lin', I can't stand it

                  Em7   Gadd9 E
When you look at me that a way.

Chorus 2

              Bm7   E
I feel the earth move under my feet.

Bm7 E   Bm7
I   feel the sky tumblin' down.

          E7
I feel my heart start to tremlin'

              Bm7   C#m7 Bm7 Bm6
Whenever you're around.

Piano/Guitar Solo

‖: Bm7 |E7 | Bm7 |E7   :‖ *Play 3 times*

| Bm7 |E7 | Bm7 |E7 Gadd9 |

Verse 2

         Dmaj7   **Gmaj7**
Ooh, dar - lin', when you're near me
               Em7   **Gadd9**
And you ten - derly call my name,
        Dmaj7   **Gmaj7**
I know ___ that my e - motions
            Em7   **Gadd9**
Are some - thing I just can't tame.
             E   **Bm7**
I've just got to have you baby.
      E **Bm7** **E** **Bm7**   **E**
Ah, ah, ah, ___   ah, ah, ah, yeah.

Chorus 3

Bm7 E   **Bm7**   **E**
I   feel the earth move under my feet.
      Bm7   **E**
I feel the sky tumblin' down, a tumblin' down.
      Bm7   **E**
I feel the earth move under my feet.
      Bm7   **E**
I feel the sky tumblin' down, a tumblin' down.
      Bm7   **E7**   **Bm7**   **E7**
I just lose control, ___ down to my very soul.
      Bm7   **E7**   **Bm7**   **E**
I get a hot and cold ___ all o - ver, all over, all over, all o - ver.

Chorus 4

      Bm7   **E**
I feel the earth move under my feet.
      Bm7   **E**
I feel the sky tumblin' down, a tumblin' down.
      Bm7   **E**
I feel the earth move under my feet.
      Bm7   **C#m7**
I feel the sky tumblin' down, a tumbl - in' down,
      Bm7
A tumbl - in' down, a tumblin' down,
Amaj7   **Gmaj7**   **Amaj7**
  A tumblin' down,   tumblin' down.

I'll Be There

Words and Music by Berry Gordy,
Hal Davis, Willie Hutch and Bob West

Melody:

You and I must make a pact.

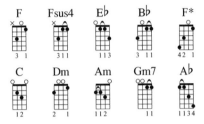

Intro	|F Fsus4 F |E♭ B♭ |F Fsus4 F |Fsus4 |	

Verse 1

> **F***   **C**
> You and I must make a pact.
>
> **Dm**   **Am**   **B♭**
> We must bring sal - vation back.
>
> **Gm7**   **B♭**   **F***
> Where there is love, I'll ____ be there. (I'll be there.)

Verse 2

> **F***   **C**
> I'll reach out my hand to you,
>
> **Dm**   **Am**   **B♭**
> I'll have faith in all you do.
>
> **Gm7**   **B♭**   **F***
> Just call my name and I'll ____ be there. (I'll be there.)

Bridge 1

        A♭   **E♭**
And oh, I'll be there to comfort you,

        B♭
Build my world of dreams around you.

      F*
I'm so glad that I found you.

A♭   **E♭**
  I'll be there with a love that's strong.

      B♭   **F***   **Fsus4**
I'll be your strength, I'll keep holdin' on.

                                  F*
(Holdin' on, holdin' on, holdin' on.) Yes, I will. Yes, ___ I will.

Verse 3

F*   **C**
  Let me fill your heart ___ with joy and laughter.

Dm   **Am**   **B♭**
  Togetherness,   well it's all I'm after.

   Gm7 **B♭**   **F***
When - ever you need me I'll ___ be there. (I'll be there.)

Verse 4

F*   **C**
  I'll be there to protect ___ you.

Dm   **Am**   **B♭**
  With an unselfish love ___ that respects you.

Gm7   **B♭**   **F***
  Just call my name and I'll be there. (I'll be there.)

Bridge 2

        A♭   **E♭**
And oh, I'll be there to comfort you,

        B♭
Build my world of dreams around you.

      F*
I'm so glad that I found you.

A♭   **E♭**
  I'll be there with a love that's strong.

      B♭   **F***   **Fsus4**
I'll be your strength, I'll keep holdin' on. Ooh.

                       F*
(Holdin' on, holdin' on,) Yes, I will.

Verse 5

F*   **C**
If you should ever find someone new,

Dm   **Am**   **B♭**
I know he better be good to you,

Gm7   **B♭**   **F***
'Cause if he ___ doesn't, I'll ___ be there. (I'll be there.)

Don't you know baby, yeah, yeah.

Outro

F*   **C Dm**   **Am B♭**
I'll be there, _____ I'll be there.

Gm7   **B♭**   **F***
Just call my name, I'll be there.

Just look over your shoulders, honey.

         C Dm   **Am B♭**
Ooh, I'll be there, _____ I'll be there.

    Gm7   **B♭**   **F***
When - ever you need me I'll ___ be there.

Don't you know baby, yeah, yeah.

         C Dm   **Am B♭**
I'll be there, _____ I'll be there.

Gm7   **B♭**   **F***
Just call my name, I'll ___ be there.

         C Dm   **Am B♭**
I'll be there, _____ I'll be there.   ***Fade out***

If I Ever Lose My Faith in You

Music and Lyrics by
Sting

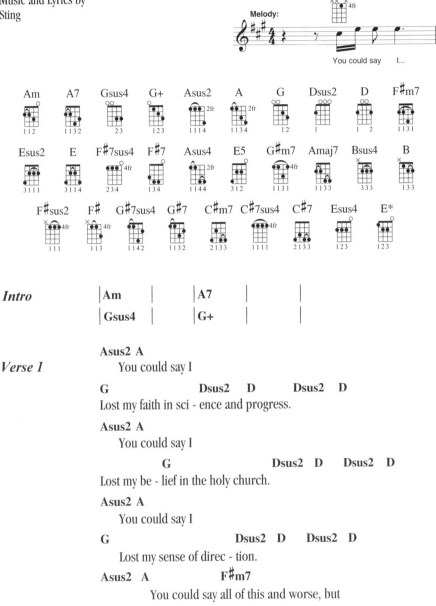

Melody:

You could say   I...

Am   A7   Gsus4   G+   Asus2   A   G   Dsus2   D   F#m7

Esus2   E   F#7sus4   F#7   Asus4   E5   G#m7   Amaj7   Bsus4   B

F#sus2   F#   G#7sus4   G#7   C#m7   C#7sus4   C#7   Esus4   E*

Intro
|Am | |A7 | | |
|Gsus4 | |G+ | | |

Verse 1

        Asus2   A
        You could say I

G   **Dsus2   D**   **Dsus2   D**
Lost my faith in sci - ence and progress.

        Asus2   A
        You could say I

            G   **Dsus2   D**   **Dsus2   D**
Lost my be - lief in the holy church.

        Asus2   A
        You could say I

G   **Dsus2   D**   **Dsus2   D**
    Lost my sense of direc - tion.

        Asus2   A   **F#m7**
           You could say all of this and worse, but

Chorus 1

Esus2 E   F#7sus4   F#7   G   Asus4   A
If I ever lose __ my faith __ in you

Esus2   E   F#7sus4   F#7   G   Asus4   A
There'd be nothing left __ for me __ to do.

Verse 2

Asus2   A
Some would say I was a

G   Dsus2   D   Dsus2   D
Lost man in a lost world.

Asus2   A
You could say I

     G   Dsus2   D   Dsus2   D
Lost my faith in the people on TV.

Asus2   A
You could say I

     G   Dsus2   D   Dsus2   D
Lost my belief in our politicians.

Asus2   A   F#m7
They all seem like   game show hosts to me.

Chorus 2   *Repeat Chorus 1*

Interlude |G E5 |G E5 |G E5 |G E5 |

Bridge

F#m7   G#m7   Amaj7   Bsus4 B
I could be lost inside their lies   with - out a   trace.

F#sus2 F#   G#7sus4 G#7   B   A B   A
But every time I   close my eyes   I see your face.

Verse 3

Asus2 A
    I never saw no

G   Dsus2 D Dsus2 D
    Miracle of science

Asus2 A
    That didn't go

    G   Dsus2 D Dsus2 D
From a   blessing to a curse.

Asus2 A
    I never saw no

G   Dsus2 D Dsus2 D
    Military solution

Asus2 A   F#m7
    That didn't always end up as something worse,

   Esus2   E   C#m7
But   let me say this first.

Chorus 3

Bsus4 B   C#7sus4   C#7   D
    If I ever lose __ my faith __ in you,

           Esus4   E*
If I ever lose __ my faith __ in you,

Bsus4   B   C#7sus4 C#7
    There'd be nothing left __ for me __ to do.

D   Esus4   E*
    There'd be nothing left __ for me __ to do.

Esus2 E   F#7sus4   F#7
    If I ever lose __ my faith,

G   Asus4   A
    If I ever lose __ my faith,

Esus2 E   F#7sus4   F#7
    If I ever lose __ my faith,

G   Asus4   A Asus4 A
    If I ever lose __ my faith __   in you…

Outro   ‖: G E5 | G E5 :‖ *Repeat and fade*

I'm a Believer

Words and Music by
Neil Diamond

Melody:

I thought love was on - ly true

G   C   D7   F

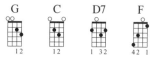

Intro

| G C | G N.C. | | G | | |

Verse 1

G   D7   G
I thought love was only true in fairy tales,

                     D7   G
Meant for someone else but not for me.

C   G
Love, was out to get me.

C   G
   That's the way it seemed.

C   G   D7
   Disappointment haunted all my dreams.

Chorus 1

N.C.   G C G   C   G   C
   Then I saw her face;   now I'm a be - liever!

G C   G C G   C   G   C
   Not a trace   of doubt ___ in my mind.

G C   G N.C. C   G
   I'm in love,   and I'm a be - liever!

                     F   D7 N.C.
I couldn't leave her if I tried.

Verse 2

    G   D7   G
I thought love was more or less a givin' thing;

                  D7   G
Seems the more I gave, the less I got.

    C   G
What's the use in tryin'?

    C   G
  All you get is pain.

    C   G   D7
  When I needed sunshine, I got rain.

Chorus 2   *Repeat Chorus 1*

Interlude   ‖: G |D7 |G | :‖

Verse 3

    C   G
Love, was out to get me.

    C   G
  That's the way it seemed.

    C   G   D7
  Disappointment haunted all my dreams.

Chorus 3   *Repeat Chorus 1*

Outro-Chorus

    N.C.   G C G   C   G   C
Saw her face;   now I'm a be - liever!

    G C   G C G   C   G C
  Not a trace   of doubt ____ in my mind.

    G C   G   C   G   C   G
  I'm in love, (I'm a be - liever.) and I'm a be - liever!

    C   G
(I'm a be - liever.) ***Fade out***

Into the Mystic

Words and Music by
Van Morrison

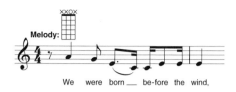

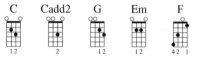

We were born — be-fore the wind,

To match recording, capo III

C   Cadd2   G   Em   F

Intro

|C   Cadd2 |C   Cadd2 |C   Cadd2 |C   Cadd2 |
|C   Cadd2 |C |

Verse 1

C   Cadd2
We were born before the wind,

C
Also younger than the sun,

G
Ere the bonny boat was won

                    C   Cadd2 C Cadd2
As we sailed into the mystic.

C   Cadd2
Hark now, hear the sailors cry.

C
Smell the sea and feel the sky.

G   C
Let your soul and spirit fly into the mystic.

Pre-Chorus 1

Em   F
And when that foghorn blows,

         C   Cadd2 C
I will be coming home.

Em   F   G
And when that foghorn blows, I wanna hear it.

I don't have to fear it,

Chorus 1

           C
And I ___ wanna rock your gypsy soul,

Just like way back in the days of old.

G   C   Cadd2 C
And magnificently we will flow into the mystic.

Instrumental

C					
G		C			

Pre-Chorus 2

Em   F
When that fog - horn blows,

C
You know, I will be coming home.

Em   F
And when that foghorn whistle blows,

G
I gotta hear it, I don't have to fear it,

Chorus 2

          C
And I wanna rock your gypsy soul,

Just like way back in the days of old.

G   C   Cadd2 C
And together we will flow into the mystic.

Come on, girl.

Outro

C					
G		C			

                                    Too late to stop now.

G		C	‖

Iris
from the Motion Picture CITY OF ANGELS

Words and Music by
John Rzeznik

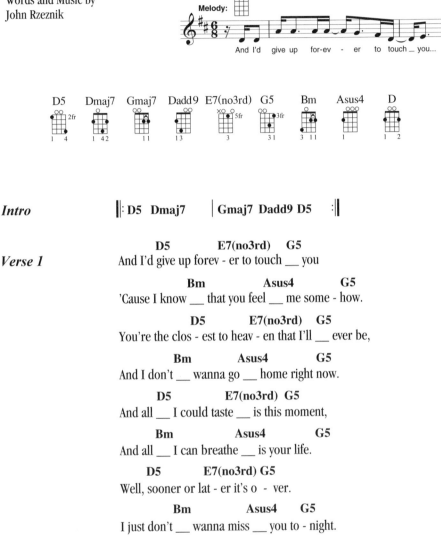

Melody:

And I'd give up for-ev - er to touch __ you...

D5 Dmaj7 Gmaj7 Dadd9 E7(no3rd) G5 Bm Asus4 D

Intro   ‖: **D5 Dmaj7** | **Gmaj7 Dadd9 D5** :‖

Verse 1

    D5 **E7(no3rd)** **G5**
And I'd give up forev - er to touch __ you

    Bm   **Asus4**   **G5**
'Cause I know __ that you feel __ me some - how.

    D5 **E7(no3rd)** **G5**
You're the clos - est to heav - en that I'll __ ever be,

    Bm   **Asus4**   **G5**
And I don't __ wanna go __ home right now.

    D5 **E7(no3rd) G5**
And all __ I could taste __ is this moment,

    Bm   **Asus4**   **G5**
And all __ I can breathe __ is your life.

    D5 **E7(no3rd) G5**
Well, sooner or lat - er it's o - ver.

    Bm   **Asus4** **G5**
I just don't __ wanna miss __ you to - night.

                         Bm   Asus4   G5
Chorus 1   And I don't want the world __ to see __ me

                               Bm   Asus4   G5
                'Cause I don't __ think that they'd __ under - stand.

                         Bm   Asus4   G5
                When everything's made to be bro - ken

                               Bm   Asus4   G5
                I just want __ you to know __ who I am.

Interlude 1   *Repeat Intro*

                               D5   E7(no3rd)   G5
Verse 2   And you can't __ fight the tears __ that ain't comin',

                         Bm   Asus4   G5
                Or the mo - ment of truth __ in your lies.

                         D5   E7(no3rd)   G5
                When ev'rything feels like the mov - ies,

                               Bm   Asus4   G5
                Yeah, you bleed __ just to know __ you're alive.

Chorus 2   *Repeat Chorus 1*

Interlude 2   ‖:Bm Dmaj7 |D5 |Bm Asus4 |G5   :‖
              ‖:Bm Dmaj7   D5 |G5   :‖ *Play 4 times*
              |D |G5 |Bm |G5 |
              |D |Bm |
              |Dmaj7 D5 E7(no3rd) D5 Dmaj7 |
              |G5 |D |Bm | |
              ‖:Bm Dmaj7 |D5 |Bm Asus4 |G5   :‖

Chorus 3   *Repeat Chorus 1*

Chorus 4   *Repeat Chorus 1*

                        Bm   **Asus4   G5**
Outro   I just want __ you to know __ who I am.

                        Bm   **Asus4   G5**
               I just want __ you to know __ who I am.

                        Bm   **Asus4   G5**
               I just want __ you to know __ who I am.

                        Bm   **Asus4   Bm**
               I just want __ you to know __ who I am.

               ‖:Bm Dmaj7 |D5 |Bm Asus4 |G5   :‖ *Repeat and fade*

The Lazy Song

Words and Music by Bruno Mars,
Ari Levine, Philip Lawrence and
Keinan Warsame

Melody:

To - day   I   don't feel like do - in' an   -   y - thing.

To match recording, tune down 1/2 step

C   G   F   E7   Dm   Em   Am

Chorus 1

C   G   F
To - day I don't feel like doin' an - ything.

C   G   F
I just wanna lay in my bed.

C   G
Don't feel like pickin' up __ my phone,

F
So leave a message at the tone

C   E7   F   N.C.
'Cause to - day I swear I'm not doin' an - ything. Ah.

Verse 1

C   G
I'm gonna kick my feet up then stare at the fan,

F
Turn the TV on, throw my hand in my pants.

C   G   F
Nobody's goin' tell me I can't, __ no.

C   G
I'll be loungin' on the couch just chillin' in my Snuggie,

F
Click to MTV so they can teach me how to dougie.

C   G   F
'Cause in my castle, I'm the frickin' __ man.

Pre-Chorus 1

       Dm   Em
Oh, yes, I said it,   I said it.

   F   G
I said it 'cause I can.

Chorus 2

      C   G   F
To - day I don't feel like doin' an - ything.

C   G   F
I just wanna lay in my bed.

      C   G
Don't feel like pickin' up __ my phone,

   F
So leave a message at the tone

               C   E7   F   N.C.
'Cause to - day I swear I'm not doin' an - ything, noth - in' at all.

Interlude

C   G   F   C
  (Woo, hoo, __ woo, hoo, hoo.) Nothin' at all.

            G   F
(Woo, hoo, __ woo, hoo, hoo.)

Verse 2

          C   G
Tomorrow I'll wake up, do some P-Ninety-X,

    F
Meet a really nice girl, have some really nice sex.

   C   G   F
And she's gonna scream out, "This is great!"

(Oh my God, this is great.)

         C   G
Yeah, I might mess around and get my college degree.

   F
I bet my old man will be so proud of me.

   C   G   F
But sorry, Pops, you'll just have to wait.

Pre-Chorus 2   *Repeat Pre-Chorus 1*

Chorus 3

```
        C              G           F
To - day I don't feel like doin' an - ything.

C        G          F
I just wanna lay in my bed.

        C              G
Don't feel like pickin' up __ my phone,

        F
So leave a message at the tone

                C          E7          F
'Cause to - day I swear I'm not doin' an - ything.
```

Bridge

```
N.C.    Dm                    G
    No, I ain't gonna comb my hair

        Am
'Cause I ain't goin' anywhere,

Dm          G               Am
No, no, no, no, no, no, no, no, no, oh.

        Dm              G
I'll just strut in my birthday suit

        Am
And let ev'rything hang loose,

Dm              G                       Am
Yeah, yeah, yeah, yeah, yeah, yeah, yeah, yeah, yeah, yeah.
```

Chorus 4

```
N.C.    C          G           F
    Oh, to - day I don't feel like doin' an - ything.

C        G          F
I just wanna lay in my bed.

        C              G
Don't feel like pickin' up __ my phone,

        F
So leave a message at the tone

                C          E7          F           N.C.
'Cause to - day I swear I'm not doin' an - ything, noth - in' at all.
```

Outro

```
C          G          F               C
(Woo, hoo,    woo, hoo, hoo.) Nothin' at all.

            G          F           N.C.
(Woo, hoo,    woo, hoo, hoo.) Nothin' at all.
```

Is You Is, or Is You Ain't (Ma' Baby)

Words and Music by
Billy Austin and Louis Jordan

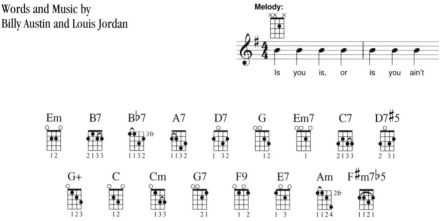

Verse 1

Em　B7　Em　B7　　　Em　　B♭7
Is you is, or is you ain't ma' ba - by?

A7　　　　　　　D7　　　　　　　　G　Em7　C7　B7
The way you're acting lately makes me doubt.

Verse 2

Em　B7 Em　B7　　　Em　B♭7
You'se is　still my baby, ba - by.

A7　　　　　　　D7　　　　　　　　G　Em7　D7♯5　D7　G　G+
Seems my flame in your heart's done gone out.

Bridge 1

C　　　　Cm　　　　　　G　　　　　　　G7
A woman is a creature that has al - ways been strange.

G+　C　　　　　　　　Cm
Just when you're sure of one

　　　F9　　　E7　　　　Am　F♯m7♭5　B7
You find she's gone and made a change.

	Em B7 Em B7 Em B♭7
Verse 3	Is you is, or is you ain't ma' ba - by?

A7   D7   F9 E7
Maybe baby's found somebody new,

  A7   D7   G Em7 C7 B7
Or is ma' baby, still ma' baby true?

Verse 4	*Repeat Verse 1*
Verse 5	*Repeat Verse 2*
Bridge 2	*Repeat Bridge 1*

	Em B7 Em B7 Em B♭7
Verse 6	Is you is, or is you ain't ma' ba - by?

A7   D7   F9 E7
Maybe baby's found somebody new,

  A7   D7   G
Or is ma' baby,   still ma' baby true?

Island in the Sun

Words and Music by
Rivers Cuomo

Melody:

When you're on _____ a hol - i - day, _____

Em   Am   D   G   G5   C   Am7

Intro

‖: Em   Am   D | G   :‖
                                  Hip, hip.

‖: Em   Am | D   G   :‖
                                  Hip, hip.

Verse 1

Em   Am   D   G   Em
    When you're on ____ a hol - iday,

Am   D   G   Em
    And you can't find ____ no words

Am   D   G   Em
    All the things ____ that come ____ to you,

Am   D   G
    And I want ____ to feel ____ it too.

Chorus 1

Em   Am   D   G   Em
    On an is - land in ____ the sun,

Am   D   G   Em
    We'll be play - ing and hav - ing fun.

Am   D   G   Em
    And it makes ____ me feel ____ so fine

        Am   D   G
I can't ____ control ____ my brain.

Interlude 1	‖: **Em** **Am** │**D** **G** :‖ Hip, hip.

Verse 2

Em Am   **D   G   Em**
        When you're on ____ a gold - en sea,

Am   **D   G   Em**
You don't need ____ no mem - ory,

Am   **D   G   Em**
Just a place ____ to call ____ your own

Am   **D   G**
As we drift ____ into ____ the zone.

Chorus 2   *Repeat Chorus 1*

Bridge 1

D   **G5**
We'll run a - way together.

D   **G5**
We'll spend some time, forever.

C   **Am7**   **D**
We'll never feel bad any - more. Hip, hip.

Interlude 2   *Repeat Interlude 1*

Guitar Solo   *Repeat Verse 1 (Instrumental)*

Chorus 3   *Repeat Chorus 1*

Bridge 2   *Repeat Bridge 1*

Outro

Em Am D G   **Em   Am   D   G**
        We'll nev - er feel ____ bad an - ymore.

Em Am D G
        No, no.

Em Am D G   **Em   Am   D   G**
        We'll nev - er feel ____ bad an - ymore.

Em Am D G   **Em Am D G**
        No, no.   No, no.   *Fade out*

Jolene

Words and Music by
Dolly Parton

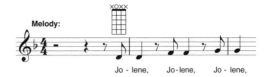

Melody:

Jo - lene,   Jo - lene,   Jo - lene,

To match recording, tune down 1/2 step

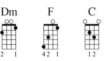

Dm   F   C

  2 1   4 2 1   1 2

Intro |Dm | | | |

              Dm   F   C   Dm

Chorus 1 Jo - lene, Jo - lene, Jo - lene, Jo - lene,

              C   Dm

              I'm beggin' of you, please don't take my man.

                       F   C   Dm

              Jo - lene, Jo - lene, Jo - lene, Jo - lene,

              C   Dm

              Please don't take him just because you ____ can.

              Dm   F   C   Dm

Verse 1 Your beauty is beyond ____ compare, with flaming locks of auburn hair,

              C   Dm

              With ivory skin and eyes of em'rald green.

                         F   C   Dm

              Your smile is like a breath __ of spring, your voice is soft like summer rain,

              C   Dm

              And I cannot compete with you,   Jolene.

Verse 2

```
     Dm           F              C        Dm
He talks about you in his sleep an' there's nothin' I can do to keep

       C                        Dm
From cryin' when he calls your name, Jolene.

             F           C         Dm
And I can eas'ly understand how you could eas'ly take my man,

         C                      Dm
But you don't know what he means to me, Jo - lene.
```

Chorus 2   *Repeat Chorus 1*

Verse 3

```
Dm                        F        C        Dm
You could have your choice ___ of men, but I could never love again.

C                 Dm
He's the only one for me, Jo - lene.

             F          C        Dm
I had to have this talk with you, my happiness de - pends on you

         C                Dm
And what - ever you decide to do, Jo - lene.
```

Chorus 3

```
     Dm    F    C    Dm
Jo - lene, Jo - lene, Jo - lene, Jo - lene,

     C                        Dm
I'm beggin' of you, please don't take my man.

           F      C      Dm
Jo - lene, Jo - lene, Jo - lene, Jo - lene,

C                        Dm
Please don't take him even though you can.


Jolene. (Jolene.)
```

Outro   ‖: Dm | :‖ *Repeat and fade*

Knockin' on Heaven's Door

Words and Music by
Bob Dylan

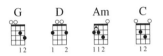

Ma-ma,   take this badge off of   me.

<table>
<tr><td>G</td><td>D</td><td>Am</td><td>C</td></tr>
</table>

Intro

‖: G   D |Am |
| G   D |C   :‖

Verse 1

G   D   Am
Mama, take this badge off of me.

G   D   C
I can't use it anymore.

G   D   Am
It's gettin' dark, too dark to see.

G   D   C
I feel I'm knockin' on heaven's door.

	G D Am

Chorus 1

                 G   D   Am
                 Knock, knock, knockin' on heaven's door.

                 G   D   C
                 Knock, knock, knockin' on heaven's door.

                 G   D   Am
                 Knock, knock, knockin' on heaven's door.

                 G   D   C
                 Knock, knock, knockin' on heaven's door.

Verse 2

                 G   D   Am
                 Mama, put my __ guns in the ground.

                 G   D   C
                 I can't shoot __ them anymore.

                 G   D   Am
                 That long, __ black cloud is comin' down.

                 G   D   C
                 I feel I'm knock - in' on heaven's door.

Chorus 2   *Repeat Chorus 1*

Outro |G   D |Am |G   D |C | *Fade out*

Lean on Me

Words and Music by
Bill Withers

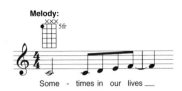

Melody:

Some - times in our lives

C   Dm   Em   F   G6   G9   G7

Intro

| C Dm Em F | Em Dm C | Dm Em G6 | G9 F |
| C Dm Em F | Em Dm C | Dm C G7 | C |

Verse 1

C   Dm Em F
Sometimes in   our lives

    Em Dm C
We all ____ have pain,

C   Dm Em G6 G9 F
We all ____ have sor - row,

C   Dm Em F
But if we are wise

    Em Dm C
We know that there's

C Dm C G7   C
Al - ways to - mor - row.

Verse 2

```
          C                Dm Em F
Lean on me    when you're ____ not strong,

        Em Dm  C
And I'll be    your friend.

C  Dm  Em G6   G9
I'll help you carry on,

C     Dm   Em F
For it won't be   long

        Em  Dm  C
'Till I'm gon - na   need

        C    F C G7   C
Some - bod - y  to  lean on.
```

Verse 3

```
C                Dm Em  F
Please swallow ____ your pride

   Em Dm  C
If I ____ have things

C  Dm  Em  G6   G9  F
You need to    bor - row

C     Dm  Em  F
For no one  can  fill

      Em Dm   C
Those of    your needs

C  F   C    G7 C
That you won't let   show.
```

Bridge 1

```
               C
You just call on me, brother, when you need a hand.


We all need somebody to lean on.


I just might have a problem that you'll understand.
                  G7   C
We all need somebody to lean on.
```

Verse 4

```
                 C              Dm Em F
         Lean on me   when you're ___ not strong,

               Em Dm  C
         And I'll be   your friend.

         C  Dm Em G6   G9  F
         I'll help you carry on,

         C    Dm  Em F
         For it won't be  long

               Em  Dm  C
         'Till I'm gon - na   need

               C    F C G7   C
         Some - bod - y  to  lean on.
```

Bridge 2   *Repeat Bridge 1*

Verse 5

```
         C      Dm Em F
         If there is   a    load

             Em Dm  C
         You have to   bear

         C   Dm Em  G6       G9  F
         That you can't ___ car - ry,

         C        Dm Em  F
         I'm right up   the   road.

             Em  Dm  C
         I'll share your load

         C Dm C  G7  C
         If  you just call me.
```

Outro

```
            Dm  C
         ‖: (Call  me.) If you need a friend.

          Dm  C
         (Call  me.) Call me. Uh, huh.  :‖  Repeat and fade
                                            w/ lead vocal ad lib.
```

Learning to Fly

Words and Music by
Tom Petty and Jeff Lynne

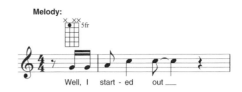

Well, I start - ed out ___

F   C   Am   Gsus4   G

Intro   ‖: F   C |Am   Gsus4   :‖   *Play 4 times*

Verse 1

         F   C   Am   Gsus4
Well, I started out

         F   C   Am   Gsus4
Down a dirty road,

F   C   Am   Gsus4
Started out

F   C   Am   Gsus4
All a - lone.

Verse 2

         F   C   Am   Gsus4
And the sun went down

         F   C   Am   Gsus4
As I crossed the hill

         F   C   Am   Gsus4
And the town lit up,

         F   C   Am   Gsus4
The world got still.

Chorus 1

      F   C   Am G
I'm learning to fly,

      F   C   Am G
But I ain't got wings.

F   C   Am   G
Comin' down

      F   C   Am G
Is the hardest thing.

Verse 3

        F   C   Am Gsus4
Well, the good old days

     F   C   Am   Gsus4
May not re - turn,

      F   C   Am   Gsus4
And the rocks might melt,

      F   C   Am Gsus4
And the sea may burn.

Chorus 2　　　**Repeat Chorus 1**

Solo　　　‖: F   C | Am G   :‖ *Play 4 times*

Verse 4

      F   C   Am Gsus4
Well, some say life

     F   C   Am Gsus4
Will beat you down,

    F   C   Am Gsus4
An' break your heart,

     F   C   Am Gsus4
And steal your crown.

Verse 5

      F   C   Am   Gsus4
So I started out

      F   C   Am   Gsus4
For God knows where,

    F   C   Am   Gsus4
I guess I'll know

      F   C   Am   Gsus4
When I get there.

Chorus 3

       F   C   Am   G
I'm learning to fly

    F   C   Am   G
A-round the clouds.

F   C   Am   G
What goes up

F   C   Am   G
Must come down.

Interlude   ‖: F   C |Am   G   :‖

Chorus 4

       F   C
‖: I'm learning to fly,

Am   G
(Learning to fly.)

    F   C   Am G
But I ain't got wings.

F   C   Am   G
Coming down

    F   C   Am G
Is the hardest thing.

    F   C
I'm learning to fly

Am   G
(Learning to fly.)

    F   C   Am G
A-round the clouds.

     F   C   Am G
An' what goes up

F   C   Am G
Must come down.   :‖   ***Repeat and fade***

Leaving on a Jet Plane

Words and Music by
John Denver

Melody:

All my bags are packed,

Amaj7 D6 D A E E7 F#m Bm C#m

Intro

| Amaj7 | D6 | D | |
| A | E | E7 | |

Verse 1

       Amaj7   D6
All my bags are packed, I'm ready to go,

       Amaj7   D6
I'm standing here out - side your door,

       Amaj7   F#m   E   E7
I hate to wake you up to say good - bye.

              Amaj7   D6
But the dawn ____ is breaking, it's early morn',

       Amaj7   D6
The taxi's waiting, he's blowing his horn,

       Amaj7   F#m   E
Al - ready I'm so lonesome I could ____ cry.

Chorus 1	**A** **D**

Chorus 1

   A   **D**
So kiss me and smile for me,

A   **D**
Tell me that you'll wait for me,

A   **Bm**   **E**
Hold me like you'll never let me go.

   A **D**
I'm leaving on a jet plane,

A   **D**
  I don't know when I'll be back again.

A   **C#m**   **D6**   **E**
  Oh, babe, ____ I hate to go.

Verse 2

          Amaj7   **D6**
There's so many times I've let you down,

  Amaj7   **D6**
So many times I've played around,

  Amaj7   **F#m**   **E**
I tell you now they ____ don't mean a thing.

   Amaj7   **D6**
Ev'ry place I go I think of you,

   Amaj7   **D6**
Ev'ry song I sing I sing for you,

    Amaj7   **F#m**   **E**
When I come back I'll wear your wedding ring.

Chorus 2   *Repeat Chorus 1*

Verse 3

Amaj7   **D6**
Now the time has come to leave you,

Amaj7   **D6**
One more time let me kiss you,

Amaj7   **F#m**   **E**
  Then close your eyes, ___ I'll be on my way.

Amaj7   **D6**
Dream about the days to come

    Amaj7   **D6**
When I won't have to leave ___ alone,

   Amaj7   **F#m**   **E**
A - bout the time I won't have to say...

Chorus 3

A   **D**
Kiss me and smile for me,

A   **D**
Tell me that you'll wait for me,

A   **Bm**   **E**
Hold me like you'll never let me go.

    A   **D**
I'm leaving on a jet plane,

A   **D**
  I don't know when I'll be back again.

   A   **D**
‖: Leaving on a jet plane,

A   **D**
  I don't know when I'll be back again. :‖

A **C#m**   **D6** **E**
  Oh, babe, I hate ___ to go.

Losing My Religion

Words and Music by William Berry,
Peter Buck, Michael Mills and Michael Stipe

Melody:

Oh, ___ life ___ is big-ger, ___

F   Fsus2   G   Am   Em   E♭m   Dm   C

Intro

| F   Fsus2 F | G   Am | | |
| F   Fsus2 F | G   Am | G | |

Verse 1

                     Am   **Em**
Oh, life ___ is bigger,   it's bigger than you,

                   Am
And you are not ___ me.

                          Em
The lengths that I will go ___ to.

                          Am
The distance in your eyes.

Em   **E♭m**   **Dm**
  Oh no, I said too ___ much.

               G   **Am**
I set it up. ___ That's me in the cor - ner.

                   Em   **Am**
That's me in the spot - light, losing my reli - gion,

               Em
Trying to keep ___ up with you.

              Am
And I don't ___ know if I can do it.

Em   **E♭m**   **Dm**
  Oh no, I've said too ___ much.

                    G
I haven't said enough.

Chorus 1

G   F   Fsus2
I thought that I heard you laugh - ing.

F   G   Am
I thought that I heard you sing.

  F   Fsus2 F   G Am G
I think I thought ___ I ___ saw you try.

Verse 2

                  Am   Em
Ev'ry whis - per of ev'ry waking hour

                  Am
I'm choosing my confes - sions,

             Em
Trying to keep ___ an eye on you,

           Am
Like a hurt ___ lost and blinded fool, fool.

Em   E♭m   Dm
  Oh no, I've said too ___ much.

          G   Am
I set it up. ___ Consider this.

                 Em
Consider this the hint of the century.

            Am   Em
Consider this ___ the slip that brought me to my knees, failed.

Am   Em
What if all these fantasies come   flailing around?

     E♭m Dm   G
Now I've said too much.

Chorus 2   *Repeat Chorus 1*

Interlude |Am |G |F |G |

    C   Am
But that was just a dream.

C
That was just a dream.

Verse 3

     G Am G   Am
That's me in the cor - ner.

          Em
That's me in the spot - light,

        Am
Losing my reli - gion,

        Em
Trying to keep ____ up with you.

      Am
And I don't ____ know if I can do it.

Em   **E♭m**   **Dm**
  Oh no, I've said too ____ much.

             G
I haven't said enough.

Chorus 3

 G   **F   Fsus2**
I thought that I heard you laugh - ing.

F   **G**   **Am**
I thought that I heard you sing.

 F   **Fsus2** **F**   **G** **Am**
I think I thought ____ I ____ saw you try.

   F   **Fsus2** **F**
But that was just ____ a dream.

G   **Am**
  Try. ____ Cry. Why try?

F   **Fsus2** **F**
That was just ____ a dream.

G   **Am**   **G**
Just a dream, just a dream, dream.

Outro

‖: Am | | | :‖

Listen to the Music

Words and Music by
Tom Johnston

Melody:

Don't you feel __ it grow - in',   day   by __ day, __

To match recording, capo II

D   G   Bm   A   E7   C

Intro   ‖: D | G D :‖   *Play 4 times*

Verse 1

          D   G D
Don't you feel it growin', day by day,

                                 Bm
People gettin' ready for the news.

                 A   G
Some are happy, some are sad.

                           D   G D
Oh, we got to let the music play.

Verse 2

          D   G   D
What the people need is a way to make 'em ___ smile,

                                   Bm
It ain't so hard to do if you know how.

                 A   G
Gotta get a message, get it on through,

                                         D
Oh, now, mama's go'n' to after 'while.

Chorus 1

     Bm   **G**
Oh, oh, listen to music,

     Bm   **G**
Oh, oh, listen to the music,

     Bm   **G**
Oh, oh, listen to music,

           E7 **G D G D G D G D**
All the time.

Interlude

‖: **D** | **G D** :‖

Verse 3

D   **G**   **D**
Well, I know you know better ev'rything I say,

             Bm
Meet me in the country for a day.

     A   **G**
We'll be happy and we'll dance,

                 D **G D**
Oh, we're gonna dance the blues a - way.

Verse 4

   D   **G**   **D**
And if I'm feelin' good to you and you're feelin' good to me,

               Bm
There ain't nothin' we can't do or say.

     A   **G**
Feelin' good, feelin' fine,

               D
Oh, baby, let the music play.

Chorus 2

Repeat Chorus 1

Bridge

D   **C**
Like a lazy flowing river

G   **D**
Surrounding castles in the sky.

                    C
And the crowd is growing bigger,

G
List'nin' for the happy sounds, and I got to let them fly.

Outro-Chorus

Repeat Chorus 1 and fade

The Longest Time

Words and Music by
Billy Joel

Melody:

Whoa, oh, oh, oh,

To match recording, capo III

C   G   F   Cmaj7   Am7   D7

E7   Am   Dm   B7   Em   D

Intro

C   G C F
Whoa, oh, oh, oh,

G   C
For the longest time.

G   C F
Whoa, oh, oh,

G
For the longest...

Verse 1

C Cmaj7 Am7 C   F   C
If you   said good - bye to me to - night,

     Cmaj7 Am7 C D7   G
There would   still   be music left to write.

E7   Am
   What else could I do?

G   C
   I'm so in - spired by you.

F   Dm   G   C
   That hasn't happened for the longest time.

Verse 2

```
C    Cmaj7 Am7  C  F          C
Once I       thought my innocence was gone.
        Cmaj7 Am7  C  D7        G
Now I        know that happiness goes on.
E7                Am
  That's where you found me,
G              C
When you put your arms around me.
F        Dm          G      C
  I haven't been there for the longest time.
```

Chorus

```
C    G C  F
Whoa, oh, oh, oh,
G            C
For the longest time.
G    C F
Whoa, ho, ho,
G
For the longest…
```

Verse 3

```
C  Cmaj7 Am7 C    F          C
I'm that     voice you're hearing in the hall.
    Cmaj7 Am7  C  D7      G
And the     great - est miracle of all
E7        Am
  Is how I need you
G            C
And how you needed me too.
F          Dm          G     C
  That hasn't happened for the longest time.
```

Bridge 1

     G   **Am**
Maybe this won't last very long.

      B7   **C**
But you feel so right and I could be wrong.

     Em   **Am**
Maybe I've been hoping too hard.

       D
But I've gone this far

         G
And it's more than I hoped for.

Verse 4

C   **Cmaj7 Am7 C**   **F**   **C**
Who knows how much further we'll go on.

     Cmaj7 Am7 C D7   **G**
May - be   I'll   be sorry when you're gone.

E7   **Am**
  I'll take my chances,

G   **C**
I forgot how nice romance is.

F   **Dm**   **G**   **C**
  I haven't been there for the longest time.

Bridge 2

G   **Am**
I had second thoughts at the start.

 B7   **C**
I said to myself, hold on to your heart.

Em   **Am**
Now I know the woman that you are.

      D
You're wonderful so far,

      G
And it's more than I hoped for.

Verse 5

```
C Cmaj7 Am7 C    F            C
I  don't  care what consequence it brings.

  Cmaj7 Am7 C D7        G
I have    been a  fool for lesser things.

E7          Am
  I want you so bad.

G          C
  I think you ought to know

    F        Dm        G      C
That I intend to hold you for the longest time.
```

Outro

```
C    G C F
Whoa, oh, oh, oh,

G          C
For the longest time.

    G    C F
‖: Whoa, ho, ho.

G          C
For the longest time.  :‖   *Repeat and fade*
```

Looks Like We Made It

Words and Music by
Richard Kerr and Will Jennings

Melody:

There you are, __

C   F   Cadd9   G   Am   D7sus4   D7

Gsus4   Cmaj7   Fmaj7   Em7   A7   Dm7   Am7

Intro | C | F | C | F |

Verse 1

C
    There you are,

F   Cadd9   C
Lookin' just the same as you did the last time I touched you.

Cadd9   **C**
    And here I am,

F   **Cadd9**   **C**
Close to gettin' tangled up inside the thought of you.

G   **Am**   **D7sus4 D7**   **G**
    Do you love him as much as I __ love her?

    Am   **D7sus4**   **D7**   **Gsus4 G**
And will that love be strong when old feelings start to stir?

Chorus 1

                C   **Cmaj7**
Looks like we made it.

       Fmaj7   **G**   **Em7 A7 Dm7**
Left each other on the way to another love.

Gsus4   **C**   **Cmaj7**
    Looks like we made it,

   Fmaj7   **G**   **Em7**   **Am7**
Or I thought so till today, __ until you were there, every - where,

   Dm7   **C**   **F**   **G**   **Cadd9 C G F**
And all I could taste was love __ the way we made it.

Verse 2

C
   Love's so strange,

F   Cadd9   C
Playing hide and seek with hearts and always hurting.

Cadd9   C
   And we're the fools,

F   Cadd9   C
Standing close enough to touch those burning memories.

   G Am   D7sus4 D7   G
And if I hold you for the sake of all __ those times

   Am   D7sus4
Love made us lose our minds,

   D7   Gsus4 G
Could I ever let you go?

Oh no, we've...

            C   Cmaj7
Chorus 2   Looks like we made it.

      Fmaj7   G   Em7 A7 Dm7
Left each other on the way to another love.

Gsus4   C   Cmaj7
   Looks like we made it,

   Fmaj7   G   Em7   Am7
Or I thought so till today, __ until you were there, every - where,

   Dm7   C   F   G   Am7
And all I could taste was love __ the way we made it.

Em7 Am7   Gsus4
Outro   Oh, we made it.

          C   Cmaj7 F
‖: Looks like we made it.   :‖ ***Repeat and fade***

Love Will Keep Us Alive

Words and Music by Jim Capaldi,
Paul Carrack and Peter Vale

Melody:

I was stand ___ in'

Asus2   F#m11   D6sus2   Esus4   E   D   F#m   Bm7   E7   E6

Intro

| Asus2 | | F#m11 | | |
| D6sus2 | | Esus4 | E Esus4 |

Verse 1

　　　　　Asus2　　　　　　　　　　F#m11
I was standin' all alone against the world outside.

　　　　　　D6sus2　　　　　　　Esus4
You were searching for a place to hide.

　　E Esus4　　Asus2　　　　　　　　　　　　　F#m11
　　Lost and lonely, now you've given me the will ___ to survive.

　　　　　　　D6sus2 Esus4　E　　　Asus2
When we're hungry,　love will keep us alive.

Verse 2

       Asus2   **F♯m11**
Don't you worry, sometimes you've just got to let it ride.

             D6sus2   **Esus4**
The world is changing right before your eyes.

E Esus4   **Asus2**   **F♯m11**
  Now I've found you, there's no more emptiness ___ inside.

           D6sus2 Esus4   E   **Asus2**
When we're hungry, love will keep us alive.

Bridge 1

       D   **F♯m**
I would die for you, climb ___ the highest mountain.

Bm7   **E E7 E6 E**
Baby, there's nothin' I wouldn't do.

Verse 3

         Asus2   **F♯m11**
Now I've found you, there's no more emptiness ___ inside.

           D6sus2 Esus4   E   **Asus2**
When we're hungry, love will keep us alive.

Guitar Solo

| **Asus2** | | | **F♯m11** | | | |
| **D6sus2** | | | **Asus2** | | | |

Bridge 2   *Repeat Bridge 1*

Verse 4   *Repeat Verse 1*

Outro

    F♯m11   **D6sus2 Esus4   E**   **Asus2**
‖:   When we're hungry, love will keep us alive.   :‖

Maggie May

Words and Music by Rod Stewart
and Martin Quittenton

Melody:

Wake up, Mag - gie, I _____

Dsus2   G   D   Bm   A   Em   F#m7   Dadd9   Dsus4

Intro

| Dsus2 | G | | | D G |
| Dsus2 | G | | | D Bm G |

Verse 1

A   G   D
Wake up, Maggie, I think I got somethin' to say to you.

 A   G   D
It's late September and I really should be back ___ at school.

 G   D
I know I keep you amused,

 G   A
But I feel I'm being used.

 Em   F#m7 Em
Oh Maggie, I couldn't have tried any-more.

Chorus 1

Dadd9 Em   A
 You led me away from home

   Em   A
Just to save you from being a - lone.

   Em   A   D
You stole my heart, and that's ___ what really hurts.

Verse 2

    A   G   D
The mornin' sun, when it's in your face, really shows your age.

    A   G   D
But that don't worry me none; ___ in my eyes you're ev - 'rything.

   G   D
I laughed at all of your jokes.

      G   A
My love ___ you didn't need to coax.

    Em   F#m7 Em Dadd9
Oh Maggie, I couldn't have tried any-more.

Chorus 2

     Em   A
You led me away from home

      Em   A
Just to save you from being a-lone.

     Em   A   D
You stole my soul, and that's a pain I can do without.

Verse 3

A   G   D
All I needed was a friend to lend a guiding hand.

    A   G
But you turned into a lover, and mother what a lover;

    D
You wore ___ me out.

   G   D
All ___ you did was wreck my bed,

     G   A
And in the mornin' kick me in the head.

    Em   F#m7 Em Dadd9
Oh Maggie, I couldn't have tried any-more.

Chorus 3

     Em   A
You led me away from home

      Em   A
'Cause you didn't wanna be a-lone.

     Em   A   D
You stole my heart; I couldn't leave you if I tried.

Guitar Solo 1 | Em | A | D | G | |
| Em   D | G | D | | |

Verse 4

A   G   D
I suppose I could col - lect my books and get on back to school.

A   G   D
Or steal my daddy's cue ___ and make a living out of playing pool,

G   D
Or find myself a rock and roll band

G   A
That needs a helping hand.

Em   F#m7   Em   Dadd9
Oh Maggie, I wished I'd never seen your face.

Chorus 4

Em   A
You made a first class fool out of me,

Em   A
But I was blind as a fool can be.

Em   A   D
You stole my heart, but I love you anyway.

Guitar Solo 2 | Em | A | D | | G |
Em D	G	D		
Em	A	D		G
Em	G

Mandolin Solo ‖: D | Dsus4 | G | D   :‖ *Play 5 times*

Outro

D   Dsus4   G   D
Maggie, I wished I'd nev - er seen your face.

| | Dsus4 | G | D |
                    Dsus4 G   D
I'll get on back home   one of these days.

‖: D | Dsus4 | G | D   :‖ *Repeat and fade*

Mr. Jones

Words and Music by Adam Duritz, David Bryson,
Charles Gillingham, Matthew Malley,
Steve Bowman, Daniel Vickrey and Ben Mize

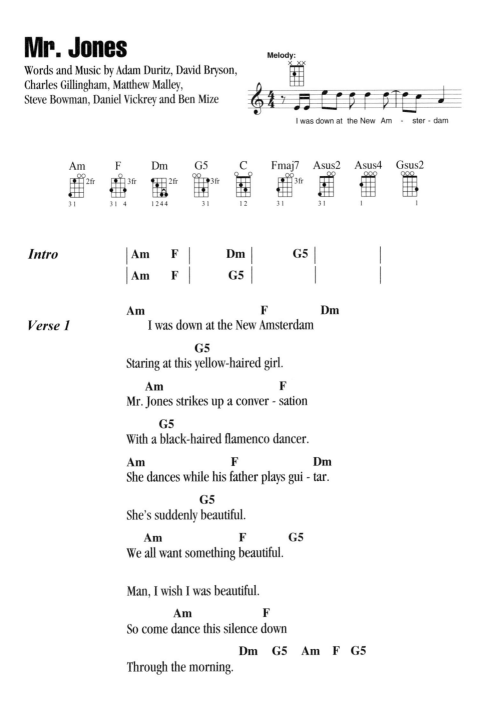

Melody:

I was down at the New Am - ster - dam

Am   F   Dm   G5   C   Fmaj7   Asus2   Asus4   Gsus2

Intro

| Am   F | Dm | G5 | |
| Am   F | G5 | | |

Verse 1

    Am   F   Dm
I was down at the New Amsterdam

    G5
Staring at this yellow-haired girl.

    Am   F
Mr. Jones strikes up a conver - sation

    G5
With a black-haired flamenco dancer.

Am   F   Dm
She dances while his father plays gui - tar.

    G5
She's suddenly beautiful.

    Am   F   G5
We all want something beautiful.

Man, I wish I was beautiful.

    Am   F
So come dance this silence down

    Dm G5 Am F G5
Through the morning.

```
         Am          F   Dm
         Cut up, Ma - ria!

                      G5              Am
         Show me some of them Spanish dances.

              F                G5
         Pass me a bottle, Mr. Jones

         Am        F   Dm
           Believe in me,

                      G5
         Help me believe in anything.

              Am          F                  G5
         Cause' I want to be someone who believes.
```

Chorus 1

```
         C      F          G5
           Mr. Jones and me


         Tell each other fairy tales;

         C                       F
           Stare at the beautiful women.

              G5
         "She's looking at you.

                              C
         Ah, no, no, she's looking at me."

                    F          G5
         Smiling in the bright lights;


         Coming through in stereo.

              C            F        G5
         When __ ev'rybody loves __ you,


         You can never be lonely.
```

Verse 3

Am   F   Dm
I   will paint my picture,

            G5
Paint myself in blue and red

                   Am
And black and gray.

                F
All of the beautiful colors are

          G5
Very, ve - ry meaningful.

                    Am   F
Yeah, well, you know gray is my favorite color

  Dm   G5
I __ felt so sym-bolic yesterday.

Am   F
    If I knew Pi-casso,

            G5   C
I would buy myself a gray guitar and play.

Chorus 2

C F   G5
Mr. Jones and me

Look into the future.

              C   F
Yeah, we stare at the beautiful women.

          G5
"She's looking at you.

Uh, I don't think so.

              C
She's lookin' at me."

             F
Standing in the spotlight,

G5
    I bought myself a gray guitar.

          C   F
When ev'rybody loves __ me,

G5   Am
    I will never be lone - ly.

Bridge

Am   Fmaj7
I will never be lonely,

          Am   G5
Yes, I'm never gonna be lone - ly.

Am
I want to be a lion.

Fmaj7   Am
Ev'rybody wants to pass as cats.

We all want to be big, big stars,

      G5
Yeah, but   we got different reasons for that.

Am
Believe in me.

      Fmaj7
'Cause I don't believe in anything,

   Am Asus2   Am   Asus4   G5
And I   want to be some - one to __ believe.

Chorus 3

C   F   G5
Mr. Jones and me,

Stumbling through the barrio.

      C   F
Yeah, we __ stare at the beautiful women.

      G5
"She's per - fect for you.

                  C
Man, there's got to be somebody for me."

      F
I wanna be Bob Dy - lan.

   G5
Mr. Jones wishes he was someone

           C
Just a little more funk - y.

When ev'rybody loves you, ah, son,

That's just about as funky as you can be.

```
                            C       F               G5
Chorus 4                        Mr. Jones and me


                    Staring at the video.
                            C               F
                    When I look at the tele - vision,
                            G5
                    I want to see me


                    Starin' right back at me.
                    C                   F
                        We all wanna be big stars,
                                G5
                    But we don't know why


                    And we don't know how.
                                C               F
                    But when ev'rybody loves __ me,
                            G5
                    I'm gonna be just about as happy as I can be.
                    C       F               Gsus2
                        Mr. Jones and me,


                    We're gonna be big stars.
```

Me and Bobby McGee

Words and Music by
Kris Kristofferson and Fred Foster

Melody:

Bust-ed   flat ___   in Bat - on Rouge,

G   C   D   G7   A   E   A7

| Intro | |G | C |G   C | G | |

| Verse 1 | **G** |
| | Busted flat in Baton Rouge, waitin' for a train, |

                                              D

When I was feelin' nearly faded as my ___ jeans.

Bobby thumbed a diesel down just before it rained;

                                         G   C   G

They rode us all the way to New Or - leans.

G

| Verse 2 | I pulled my harpoon out of my dirty red bandanna, |

                         G7   **C**

I was playin' soft while Bob - by sang the blues, ___ yeah.

                              G

Windshield wipers slap in time, I was holdin' Bobby's hand in mine.

D

We sang ev'ry song that driver knew.

	C G
Chorus 1	Freedom's just another word for ___ nothin' left to lose.

                    D   G
          Nothin', don't mean nothin', hon', if it ain't free, no, no,

                    C   G
          If feelin' good was easy, Lord, ___ when he sang the blues,

                        D
          You know feelin' good was good enough for me,

                                              G   A
          Good enough for me and my Bobby Mc - Gee.

                        A
Verse 3   From the Kentucky coal mines to the California sun,

                                        E
          Hey, Bobby shared the secrets of my ___ soul.

          Through all kinds of weather, through ev'rything that we've done, yeah,

                                        A
          Bobby, baby, helped me from the whole ___ world.

                        A
Verse 4   One day up near Salinas, Lord, I let him slip away.

                                    A7   D
          He's lookin' for that home   and I hope he finds it.

                                              A
          But I'd trade all of my tomorrows for one single yesterday

                    E
          To be holdin' Bobby's body next to mine.

                    D   A
Chorus 2 Freedom's just another word for ___ nothin' left to lose.

                    E   A
          Nothin', that's all that Bobby left me, yeah.

                        D   A
          But if feelin' good was easy, Lord, ___ when he sang the blues, hey,

                    E
          Feelin' good was good enough for me, mm, hmm,

                                          A
          Good enough for me and my Bobby Mc-Gee.

Mean

Words and Music by
Taylor Swift

Verse 1

C#m(add4)   B   A
You, with your words like knives and swords

And weapons that you use against me,

C#m(add4) B   A
You have   knocked me off my feet ___ again,

Got me feeling like a nothing.

C#m(add4) B   A
You, with your voice like nails on a chalkboard,

Calling me out when I'm wounded.

C#m(add4) B   A
You,   picking on the weaker man.

Pre-Chorus 1

B
Well, you can take me down

E   A   B
With just one single blow.

       A
But you ___ don't know what you don't know.

Chorus 1

E   Badd4 C#m7   A
Someday, I'll be living in a big ol' city,

     E   Badd4   A
And all you're ever gonna be is mean.

E   Badd4 C#m7   A
Someday, I'll be   big enough so you can't hit me,

     E   Badd4   A
And all you're ever gonna be is mean.

    N.C.   E   D E
Why you gotta be so ___ mean?

Verse 2

C#m7   Badd4
You, with your switching sides

      A
And your wildfire lies and your humiliation,

C#m7 Badd4   A
You have pointed out my flaws ___ again

         N.C.
As if I don't al - ready see them.

C#m7   Badd4
  I walk with my ___ head down

      A
Tryin' to block you out 'cause I'll never impress you.

C#m7 Badd4   A
I just   wanna feel okay ___ again.

Pre-Chorus 2

Badd4
I bet you got pushed around,

E   A
Somebody made you cold.

Badd4
But the cycle ends right now,

   A
'Cause you ___ can't lead me down that road

         N.C.
And you don't know what you don't ___ know.

Chorus 2

E   Badd4 C#m7   A
Someday, I'll be living in a big ol' city,

 E   Badd4   A
And all you're ever gonna be is mean.

E   Badd4 C#m7   A
Someday, I'll be big enough so you can't hit me,

 E   Badd4   A
And all you're ever gonna be is mean.

       E   D E Badd4
Why you gotta be so ___ mean?

Mandolin Solo

|Asus2 | Badd4 |Asus2 | |

Bridge

   Badd4
And I can see you years from now in a bar,

E   A
Talking over a football game,

Badd4   E   A
With that same big loud opinion but nobody's listening.

Badd4   C#m7 Badd4 Asus2
Washed up and ranting about the same old bitter things.

Badd4   C#m7 Badd4 Asus2
Drunk and grumblin' on about how I can't sing.

                    E   Badd4 C#m7
But all you are is ____ mean.

A   E   Badd4
All you are is mean and a liar

   C#m7   A
And pa - thetic and a - lone in life

   E   Badd4   C#m7   A
And mean, and mean, and mean, and mean.

Chorus 3

   N.C.
But someday, I'll be living in a big ol' city,

And all you're ever gonna be is mean. Yeah!

E   Badd4 C#m7   A
Someday, I'll be   big enough so you can't hit me,

   E   Badd4   A
And all you're ever gonna be is mean. (Why you gotta be so mean?)

Chorus 4

E   Badd4 C#m7   A
Someday, I'll be   living in a big ol' city,

   E   Badd4   A
And all you're ever gonna be is mean.

E   Badd4 C#m7   A
Someday, I'll be   big enough so you can't hit me,

   E   Badd4   A
And all you're ever gonna be is mean.

                E
Why you gotta be so ____ mean?

Mister Sandman

Lyric and Music by
Pat Ballard

Bung, bung, bung, bung, bung,bung bung, bung,bung, bung, bung, bung, bung, bung.

Amaj7	A6	Bm7	E7	A	G#7	C#7	F#7	B7
1 1 3 3	1 1 3 1	3 1	1 3	1 1 3 4	1 1 3 2	2 1 3 3	1 2 3	2 1 3 3

F7	Dm6	Dmaj7	D6	Em7	A7	D	Bb7	Gm6
2 1 3 1	3 1	1 4 2	2 3 3	1	1 1 3 2	1 2	1 1 3 2	1

Intro

> **Amaj7**　　　　　　　**A6**
> Bung, bung, bung, bung, bung, bung, bung, bung,
>
> **Bm7**　　　　　　　**E7**
> Bung, bung, bung, bung, bung, bung.
>
> **Amaj7**　　　　　　　**A6**
> Bung, bung, bung, bung, bung, bung, bung, bung,
>
> **Bm7**　　　　　　　**E7**
> Bung, bung, bung, bung, bung.

Verse 1

> 　　　　　　　**A**　　　**G#7**
> Mister Sandman, bring me a dream.
>
> **C#7**　　　　　　　**F#7**
> 　Make him the cutest that I've ever seen.
>
> **B7**　　　　　　　**E7**
> 　Give him two lips like roses in clover.
>
> **A**　　　　　　　　　　**F7**　　**E7**
> 　Then tell him that his lonesome nights are over.

Verse 2

A   G#7
Sandman, I'm so alone,

C#7   F#7
  Don't have nobody to call my own.

Bm7   Dm6
Please turn on your magic beam,

     A   B7   E7   A
Mister Sandman, bring me a dream.

Interlude 1

N.C.   Dmaj7   D6
Bung, bung, bung, bung, bung, bung, bung, bung ,bung, bung bung,

Em7   A7
Bung, bung, bung, bung, bung.

         Dmaj7   D6
Bung, bung, bung, bung, bung, bung, bung, bung, bung, bung, bung,

Em7   A7
Bung, bung, bung, bung, bung.

Verse 3

     D   C#7
Mister Sandman bring me a dream,

F#7   B7
  Make him the cutest that I've ever seen.

E7   A7
  Give him the word that I'm not a rover,

D   Bb7   A7
  Then tell him that his lonesome nights are over.

Verse 4

     D   C#7
Sandman, I'm so alone,

F#7   B7
  Don't have nobody to call my own.

Em7   Gm6
Please turn on your magic beam,

     D   E7   A7   D
Mister Sandman, bring me a dream.

Interlude 2

N.C.   **Dmaj7**   **D6**
Bung, bung, bung, bung, bung, bung, bung, bung ,bung, bung bung,

Bm7   **E7**
Bung, bung, bung, bung, bung, bung.

Bm7   **E7**
Bung, bung, bung, bung, bung, bung, bung, bung.

A6   **E7**
Bung, bung, bung, bung, bung.

Verse 5

        A   **G♯7**
Mister Sandman, (Yes.) bring us a dream.

      C♯7   **F♯7**
Give him a pair of eyes with a come hither gleam.

      B7   **E7**
Give him a lonely heart like Pagliacci,

    A   **N.C.**
And lots of wavy hair like Liberace.

Verse 6

    A   **G♯7**
   Mister Sandman, someone to hold

C♯7   **F♯7**
   Would be so peachy be - fore we're too old.

   Bm7   **Dm6**
So please turn on your magic beam,

      A   **B7**   **A**   **B7**
Mister Sandman, bring us, please, please, please,

      A   **B7**   **E7** **A**
Mister Sandman, bring us a   dream.

Bung, bung, bung, bung, bung, bung, bung, bung,

Bung, bung, bung, bung, bung.

No Woman No Cry

Words and Music by
Vincent Ford

Melody:

No, _ wom - an, _ no _ cry. _

C   Cmaj9   Am   F

Intro

|C **Cmaj9** |Am F |C F C | |

|C **Cmaj9** |Am F |C F C | |

(Ooh.) _____

Chorus 1

C Cmaj9   Am   F
No, ___ woman, no ___ cry.

C   F   C
No, woman, no cry.

C Cmaj9   Am   F
No, ___ woman, no ___ cry.

C   F   C
No, woman, no cry. Say, say.

Verse 1

C   Cmaj9   Am   F
Said, I remember when we used to ___ sit

C   Cmaj9   Am   F
In the gov - ernment yard in ___ Trenchtown.

C   Cmaj9   Am   F
Oba, oba - serving the ___ hypocrites

         C   Cmaj9   Am F
As they would mingle with the good people we meet.

C   Cmaj9   Am   F
Good friends ___ we had, oh,   good friends we've ___ lost

C Cmaj9   Am F
A - long the way. ___ (Yeah.)

C   Cmaj9   Am   F
In this bright ___ future you ___ can't forget ___ your past.

C   Cmaj9   Am F
So dry your tears I ___ say.

Chorus 2

        C   Cmaj9   Am F
And   no, woman, no cry.

C   F   C
No, woman, no cry.

C   Cmaj9   Am   F
Here, ____ little darlin'   don't shed no tears.

C   F   C
No, woman, no cry. Say, say.

Verse 2

C   Cmaj9 Am   F
Said I re - member when we used to ____ sit

C   Cmaj9   Am   F
In the gov - ernment's yard in ____ Trenchtown.

C   Cmaj9   Am   F
And then Georgie ____ would make ____ a fire light,

          C   Cmaj9   Am F
As it was   logwood burnin' through the night.

C   Cmaj9   Am   F
Then we would ____ cook cornmeal ____ porridge,

C   Cmaj9   Am F
Of which I'll share with you. ____ (Ooh.)

C   Cmaj9   Am   F
My feet ____ is my on - ly car - riage.

C   Cmaj9   Am
So I've ____ got to push on ____ through.

F
But while I'm gone, I'm mean a...

Bridge

      C   Cmaj9   Am
‖:   Ev'rything is gonna be alright.

                    F
Evry'thing's gonna be alright.   :‖

        C   Cmaj9   Am
I say,   ev'rything's gonna be alright, ya.

                 F
Oh, ev'rything's gonna be alright.

     C   Cmaj9   Am
Ev'rything's gonna be alright, yeah.

               F
Ev'rything's gonna be alright.

Chorus 3

      C   Cmaj9
So, woman, no cry.

Am F   C   F   C
    No, no woman, woman no cry.

C   Cmaj9 Am   F
  Oh, my little sister,   don't shed no tears.

C   F   C
  No, woman, no cry.

Outro-Guitar Solo ‖: C   Cmaj9   │Am   F   │
                   │C   F   C │   :‖ *Repeat and fade*

My Cherie Amour

Words and Music by Stevie Wonder,
Sylvia Moy and Henry Cosby

Melody:

La, la, la, la, __ la, la.

To match recording, tune down 1/2 step

Gmaj7 G6 G Cmaj7 C6 Esus2 Em Dmaj7 A+ G7sus4

A7sus4 A7 Gmaj9 C7#11 B7 E9 A13 G°7 A

Intro

N.C. |Gmaj7 G6 G |Cmaj7 C6 Cmaj7 |Esus2 Em |

Dmaj7 N.C. Gmaj7 G6 G Cmaj7
La, la, la,   la, la, la.

C6 Cmaj7 Esus2 Em Dmaj7
La, la,   la,   la, la, la.

Chorus 1

A+   Dmaj7   Gsus4   Cmaj7 A7sus4 A7
My Che - rie Amour, lovely as a summer day. ___

        Dmaj7   Gsus4   Cmaj7 A7sus4 A7
My Che - rie Amour, distant as the Milky Way. ___

        Gmaj9   A7sus4   A7   C7#11
My Che - rie Amour, pretty little one that I ___ adore,

B7   E9
You're the only girl my heart ___ beats for.

A13   A7   Dmaj7
How I wish that you ___ were mine.

Verse 1

G°7   Dmaj7 Gsus4   Cmaj7 A7sus4 A7
In a café or sometimes on a crowded street, ___

           Dmaj7   Gsus4   Cmaj7 A7sus4 A7
I've been near you but you never noticed me. ___

           Gmaj9   A7sus4   A7   C7#11
My Che - rie Amour, won't you tell me how could you ___ ignore,

B7   E9
That behind that little smile ___ I wore,

A13   A7   Dmaj7
How I wish that you were ___ mine.

Interlude

   N.C. Gmaj7 G6 G Cmaj7
‖: La, la, la,   la, la, la.

C6 Cmaj7 Esus2 Em   Dma7
La, la,   la,   la, la, la.   :‖

Verse 2

A   Dmaj7   Gsus4   Cmaj7
Maybe someday, you'll see my face among the crowd.

A7sus4 A7   Dmaj7   Gsus4   Cmaj7 A7sus4
  May   - be someday, I'll share your little distant cloud. ____

     A7   Gmaj9   A7sus4   A7   C7#11
Oh, ___ Che - rie Amour, pretty little one that I ___ adore

      B7   E9
You're ___ the only girl my heart ___ beats for.

A13   A7   Dmaj7
How I wish that you were mine.

Outro

   N.C. Gmaj7 G6 G Cmaj7
‖: La, la, la,   la, la, la.

C6 Cmaj7 Esus2 Em   Dmaj7
La, la,   la,   la, la, la.   :‖ *Repeat and fade*

Need You Now

Words and Music by Hillary Scott,
Charles Kelley, Dave Haywood and
Josh Kear

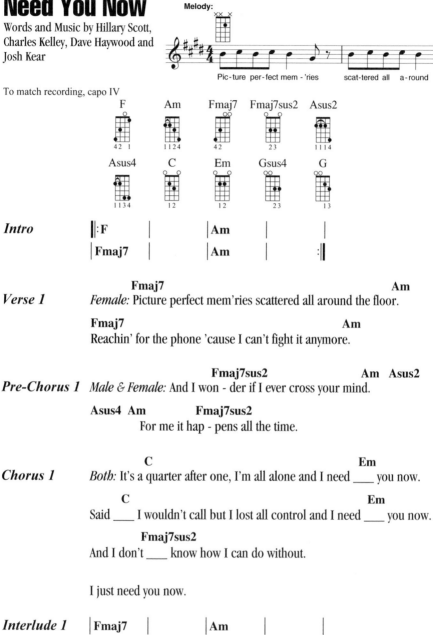

Melody:

Pic-ture per-fect mem-'ries   scat-tered all a-round

To match recording, capo IV

F   Am   Fmaj7   Fmaj7sus2   Asus2

Asus4   C   Em   Gsus4   G

Intro
```
‖: F        |    |Am        |            |
|Fmaj7      |    |Am        |            :‖
```

Verse 1

    Fmaj7   Am
Female: Picture perfect mem'ries scattered all around the floor.

Fmaj7   Am
Reachin' for the phone 'cause I can't fight it anymore.

Pre-Chorus 1

           Fmaj7sus2   Am Asus2
Male & Female: And I won - der if I ever cross your mind.

Asus4 Am   Fmaj7sus2
For me it hap - pens all the time.

Chorus 1

        C   Em
Both: It's a quarter after one, I'm all alone and I need ___ you now.

    C   Em
Said ___ I wouldn't call but I lost all control and I need ___ you now.

     Fmaj7sus2
And I don't ___ know how I can do without.

I just need you now.

Interlude 1
```
|Fmaj7      |    |Am        |            |
```

Verse 2

              Fmaj7   **Am**

Male: An - other shot of whiskey, can't stop lookin' at the door,

    Fmaj7   **Am**

Wish - ing you'd come sweeping in the way you did before.

Pre-Chorus 1

                        Fmaj7   **Am**

Male & Female: And I won - der if I ever cross your mind.

                 Fmaj7

Male: For me it hap - pens all the time.

Chorus 2

               C

Both: It's a quarter after one, I'm a little drunk

          Em

And I need ____ you now.

      C

Said ____ I wouldn't call but I lost all control

          Em

And I need ____ you now.

           Fmaj7sus2

And I don't ____ know how I can do without.

I just need you now.

Guitar Solo

|**Am**   **G**   **C** | |**Fmaj7** |**Gsus4** **G** |

                                            Male: Whoa, whoa.

|**Am**   **G**   **C** | |**Fmaj7sus2** |**Gsus4** |

Pre-Chorus 3

                  Fmaj7sus2   **Am** **Gsus4**

Both: Yes, I'd rather hurt and then feel nothing at all.

Chorus 3

               C

Female: It's a quarter after one, I'm all alone

          Em

And I need ____ you now.

                  C

Male: And I said ____ I wouldn't call but I'm a little drunk

          Em

And I need ____ you now.

           Fmaj7sus2

Both: And I don't ____ know how I can do without.

                      C **Em**   **C** **Em**

I just need you now. ____   I just need you now.

C   **Em**   **C** **Em** **C** **Em**

      Female: Oh, baby, I need you now.

Night Moves

Words and Music by
Bob Seger

Melody:

I was a lit-tle too tall, could a used a

To match recording, capo I

G   F   C   D   Em   Cmaj7   G7   Bm   Am

Intro   ‖: G | F C | | F   :‖

Verse 1

```
            G                                        F  C
        I was a little too tall, could a used a few pounds.
                                  F
    Tight pants, points, hardly renown.
        G                                          F  C
        She was a black-haired beauty with big, dark eyes,
                                  F
    And points all her own, sittin' way up high,
    | G          |     F C |
                              F
    Way up firm and high.
        G                                        F  C
        Out past the cornfields, where the woods got heavy,
                                F
    Out in the back seat of my sixty Chevy,
        G                              F  C
        Working on myst'ries without any clues.
```

Chorus 1

       D   **Em**   **D** **C**
Work - in' on our night moves,

       D   **Em**   **D C**
Try'n' to make some   front page, drive-in news.

       D   **Em**   **D** **C** **Cmaj7**
Work-in' on our night moves,

G   **F** **C**
  In the summertime.

   F G   **F** **C**   **F**
Mm,   in the sweet summertime.

Verse 2

G   **F** **C**
  We weren't in love. Oh, no, far from it.

                           F
We weren't searchin' for some pie-in-the-sky summit.

G   **F** **C**
We were just young and restless and bored,

              F
Living by the sword.

G   **F** **C**
And we'd steal away ev'ry chance we could,

                         F
To the backroom, to the alley, or the trusty woods.

G   **F** **C**
  I used her, she used me, but neither one cared,

We were gettin' our share.

Chorus 2

        D   **Em**   **D** **C**
Work - in' on our night moves,

        D   **Em**   **D**   **C**
Tryin' to lose the   awkward teen - age blues.

        D   **Em**   **D** **C** **Cmaj7**
Work - in' on our night moves,   mm,

G   **F** **C**
And it was summertime.

      F **G**   **F**   **C**   **D**
Mm,   sweet summertime, sum - mertime.

Interlude 1

| **Em** | | **D** | **G** | **G7** | |

Bridge

   Cmaj7 G
And, oh, the wonder.

Cmaj7
  We felt the lightning. Yeah,

F
  And we waited on the thunder.

D   **G**
  Waited on the thunder.

Verse 3

G
I awoke last night to the sound of thunder.

Cmaj7
"How far off?" I sat and wondered.

G
Started humming a song from nineteen-sixty-two.

Cmaj7   **Em**
Ain't it funny how the night moves?

C   **Em**
When you just don't seem to have as much to lose.

C   **Em**
Strange how the night moves

C **Cmaj7**   **G**
With autumn closing in.

Interlude 2

|**G** | **F**   **C**|

| | **F** |**G** | **F**   **C**|
      Mm.   Night moves.

| | **F** |
   Mm.

Outro

      G   **F**   **C**
‖: (Night moves.) Night moves.

                     F
(Night moves.) Yeah.   :‖   *Play 7 times*

   G
(Night moves.) Night moves.

F   **C**   **D**
      I remember. Oh!

Em
Ooh, ooh.

Bm
Ah, yeah, yeah, yeah, yeah.

Am   **C**   **G**
   Ah,   ah.   I remember, I remember.

Norwegian Wood
(This Bird Has Flown)

Words and Music by
John Lennon and Paul McCartney

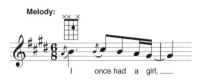

once had a girl, ___

To match recording, capo II

D   Cadd9   G   Dm   Em7   A

Intro   ‖: D | | Cadd9 G | D   :‖

Verse 1
D
I once had a girl,

Or should I say
Cadd9   G   D
She once had me?

She showed me her room,

Isn't it good,
Cadd9   G   D
Norwe - gian wood?

Bridge 1
Dm   G
She asked me to stay and she told me to sit anywhere.
Dm   Em7   A
So I looked around and I noticed there wasn't a chair.

	D
Verse 2	I sat on a rug

Biding my time,

Cadd9   G   D
Drinking her wine.

We talked until two,

And then she said,

Cadd9   G   D
"It's time for bed."

Interlude   ‖: D | | Cadd9 G |D   :‖

     Dm   **G**

Bridge 2   She told me she worked in the morning and started to laugh.

     Dm   **Em7   A**
I told her I didn't and crawled off to sleep in the bath.

	D
Verse 3	And when I awoke

I was alone,

Cadd9   G   D
This bird had flown.

So I lit a fire,

Isn't it good,

Cadd9   G   D
Norwe - gian wood?

Outro |D | | Cadd9 G |D

Patience

Words and Music by W. Axl Rose,
Slash, Izzy Stradlin', Duff McKagan and
Steven Adler

Melody:

Shed a tear 'cause I'm miss-in' ___ you, ___

To match recording, tune down 1/2 step

C   G   A   D   Em   Cadd9   Dsus2   Dsus4   F6

Intro

‖: C | |G | |
|A | |D | :‖
|C |G |C |Em |
|C |G |D | |

Verse 1

C   G
Shed a tear 'cause I'm missin' you,   I'm still alright to smile.

A   D
Girl, I think about you ev'ry day ___ now.

C   G
Was a time when I wasn't sure but you   set my mind at ease.

A   D
There is no doubt you're in my heart ___ now.

Chorus 1

Cadd9   G   C   Em
Said, woman, take it slow, it'll work itself out fine.

C   G   D   Dsus2 D Dsus4 D Dsus2 D
All we need is just a little pa - tience.

Cadd9   G   C   Em
Said, Sugar, make it slow and we come together fine.

C   G   D   Dsus2 D Dsus4 D Dsus2 D
All we need is just a little pa - tience.

Dsus2 D   Dsus4 D   Dsus2 D
Whispered: Pa - tience.

Dsus2 D Dsus4 D Dsus2 D   Dsus2 D Dsus4 D Dsus2 D
Mm, _____ yeah.

Verse 2

C   G
I sit here on the stairs 'cause I'd   rather be alone.

A   D
If I can't have you right now I'll wait, ___ dear.

C   G
Sometimes I get so tense but I can't speed up the time.

  A   D
But you know, love, there's one more thing to consid - er.

Chorus 2

Cadd9   G   C   Em
Said, woman, take it slow and things will be just fine.

C   G   D   Dsus2 D Dsus4 D Dsus2 D
You and I'll just use ___ a little pa - tience.

Cadd9   G   C   Em
Said, Sugar, take the time 'cause the lights are shining bright.

C   G   D   Dsus2 D Dsus4 D
You and I've got what ___ it takes to make ___ it.

Dsus2 D   Dsus2 D Dsus4 D   Dsus2 D
We won't fake it,   ah, ___ I'll never break it

Dsus2 D Dsus4 D Dsus2 D   Dsus2 D Dsus4 D
'Cause I can't take it.

Guitar Solo *Repeat Chorus 1 (Instrumental)*

Outro

‖: D | G   :‖

D   G   D   G
   Little patience, mm, yeah, mm, yeah.

           D   G   D   G
Need a little pa - tience, yeah, ____ just a little pa - tience, yeah.

D   G
   I been walkin' the streets at night   just tryin' to get it right.

D
   Hard to see with so many around,

    G
You know I don't like being stuck in the crowd

      D
And the streets don't change but baby the name.

G   D
   I ain't got time for the game 'cause I need ____ you, yeah, yeah,

         G   F6
But I need ____ you, oo, I need ____ you, whoa,

       G   D   G   D
I need ____ you, oo, this time. ____   *Ah.*

Possession

Words and Music by
Sarah McLachlan

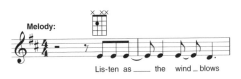

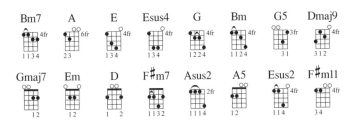

| Intro | | Bm7 | | A | | E Esus4 | |

Verse 1

      E Esus4   Bm7
        Listen as ____ the wind blows

A   E   Esus4   E Esus4
   From across ____ the great divide.

                 Bm7
Voices trapped ____ in yearning,

A   E   Esus4 E Esus4
   Mem'ries trapped ____ in time.

      Bm7   A
The night is my compan - ion

       E   Esus4   E Esus4
And soli - tude my guide.

G   Bm   Esus4   E
Would I spend forev - er here and not be satisfied?

Chorus 1

G5   Bm
And I would be the one

      Dmaj9   Gmaj7
To hold you down, ___ kiss you so ___ hard.

    Em   D G5
I'll take ___ your breath ___ away.

     Bm   Dmaj9
And after, I'd ___ wipe away the tears.

      Em   F#m7 Bm A
Just close ___ your eyes, ___ dear.

Verse 2

Bm7   A
Through this world I've stumbled,

E Esus4   E Esus4   Bm7
So many times betrayed __   tryin' to find

    A   E Esus4 E Esus4
An honest word to find the truth en - slaved.

   Bm7   A
Oh, you ___speak to me in rid - dles

  E   Esus4 E Esus4
And you speak to me in rhymes.

 G   Bm
My body aches to breathe ___ your breath,

  E   Esus2 E
Your words keep ___ me a - live.

Chorus 2

  G D Bm
And I would be the one

     Dmaj9   Gmaj7
To hold you down, ___ kiss you so ___ hard.

   Em   D G5
I'll take ___ your breath ___ away.

    Bm   Dmaj9
And after, I'd ___ wipe away the tears.

D   Em   F#m7
Just close ___ your eyes, ___ dear.

Guitar Solo   ‖: Bm7 Asus2 │A5   E │   │   :‖ *Play 3 times*

Verse 3

    Bm7   **A**
In - to this night I wander,

E   **Esus4** **E** **Esus4**
It's morning that I dread.

   Bm7   **A**
An - other day of knowing

   E   **Esus4**   **E** **Esus4**
Of the path I fear to tread.

   E **Bm7**   **A**
Oh, ah, into the sea of waking dreams

E   **Esus4** **E**   **Esus4**
I follow without pride,

     G   **Bm**
'Cause nothing stands between ___ us here,

     E   **Esus2**   **E**
And I won't ____ be de - nied.

Chorus 3

    G N.C.   **Bm**
And I would be the one

       Dmaj9   **Gmaj7**
To hold you down, ___ kiss you so ___ hard.

    Em   **D**   **G5**
I'll take ___ your breath ___ away.

      Bm   **Dmaj9**
And after, I'd ___ wipe away the tears.

     Em   **F♯m7** **G5**
Just close ___ your eyes, ___ dear.

      Bm   **Dmaj9**
I'll hold you down, ___ kiss you so ___ hard.

  Em   **D**   **G5**
I'll ___ take your breath away.

     Bm   **Dmaj9**
And after, I'd ___ wipe away the tears.

    Em   **F♯m11**
Just close ___ your eyes.

People Get Ready

Words and Music by
Curtis Mayfield

Melody:

Peo-ple get read - y...
There's a

Chord diagrams: D, D/F#, F#5, G, G/A, Bm7, Em, E♭, Cm7, A♭, Fm, A♭/B♭

Intro

D D/F# F#5	G D	D/F# F#5	G/A D
	Bm7	G D	Bm7	G D
	Bm7	G D	Bm7 Em	G/A D

Verse 1

   D   Bm7   G   D
   People get ready, there's a train a coming.

            Bm7   G   D
   You don't need no baggage, you just get on board.

            Bm7   G   D
   All you need is faith to hear the diesels humming.

   Bm7   Em   G   D   Bm7 G D
   Don't need no ticket, you just thank the Lord.

Verse 2

   D   Bm7   G   D
   So people get ready for the train to Jordan,

            Bm7   G   D
   Picking up passengers from coast to coast.

            Bm7   G   D
   Faith is the key, open the doors and board 'em.

   Bm7   Em   G/A   D
   There's hope for all among the loved the most.

Guitar Solo |D Bm7 |G   D | Bm7 |G   D |
              | Bm7 |G   D |Bm7 Em |G/A   D |

Interlude |D Bm7 |G   D | Bm7 |G   D |

Verse 3

D   Bm7   G   D
There ain't no room for the hopeless sinner,

                    Bm7   G   D
Who would hurt all man - kind just to save his own. Believe me now.

            Bm7   G   D
Have pity on those whose chances grow thinner,

            Bm7   Em   G/A   D
'Cause there's no hiding place from the kingdom's throne.

Verse 4

D   Bm7   G   D
So people get ready for a train a coming.

                  Bm7   G   D
You don't need no baggage, you just get on board!

                  Bm7   G   D
All you need is faith to hear the die - sels hummin'.

Bm7   Em   G/A   D
Don't need no ticket, you just, ___ you just thank the Lord!

Outro |D Bm7 |G   D |E♭ Cm7 |A♭   E♭ |
         ‖: Cm7 |A♭ E♭ | Cm7 |A♭   E♭ |
         | Cm7 |A♭ E♭ |Cm7 Fm7 |A♭/B♭ E♭ :‖ *Repeat and fade*

Rainy Days and Mondays

Lyrics by Paul Williams
Music by Roger Nichols

To match recording, capo I

Intro | Bm Gmaj7 D | Em7 F#m | Em7 A7sus4 |

| Dmaj7   A7sus4 | Dmaj7   A7sus4 |

Verse 1

D   F#m   F#m7♭5 B7
Talkin' to myself ___ and feelin' old,

Em7   F#m7
Sometimes I'd like to quit. ___

Gmaj7   F#m7
Nothing ever seems to fit. ___

Bm7   Gmaj7 Em7   G   D
Hangin' around, ___   nothing to do but frown; ___

Em7   G   D   A7sus4 D A7sus4
Rainy days and Mondays al - ways get me ___ down. _____

Verse 2

D   F#m   F#m7b5 B7
What I've got they used __ to call the blues, ____

Em7   F#m7
Nothing is really wrong,

Gmaj7   F#m7
Feelin' like I don't belong.

Bm7   Gmaj7 Em7   G   D F#m
Walkin' around, __   some kind of lonely clown; ___

Em7   G   D   A7sus4 D A7sus4 F#7
Rainy days and Mondays al - ways get me __ down. _____

Bridge 1

Bm7   Gmaj7   Em7   A7   Dmaj7
Funny but it seems __ I always wind up here with you, ____

F#m   Gmaj7   Em7 E7sus4 A7 F#7
   Nice to know somebody loves me.

Bm7   Gmaj7   Em7 A7   F#m7
Funny but it seems __ that it's the only thing to do, ___

            Gmaj7   Em7 E7sus4 A Em7 E7sus4 A
Run and find __ the one who loves me.

Verse 3

D   F#m   F#m7b5 B7
What I feel has come __ and gone be - fore, ____

Em7   F#m7
No need to talk it out, ___

Gmaj7   F#m7
We know what it's all about. ___

Bm7   Gmaj7 Em7   G   D F#m
Hangin' around, __   nothing to do but frown; ___

Em7   G   D   A7sus4 D A7sus4
Rainy days and Mondays al - ways get me __ down. _____

Sax Solo |Bm7   Gmaj7 |Em7 A7   Dmaj7 |

           |F#m7 Gmaj7 |Em7 E7sus4 A7 F#7 |

            Bm7   Gmaj7   Em7 A7   F#m7

Bridge 2 Funny but it seems __ that it's the only thing to do,

                   Gmaj7   Em7 E7sus4 A B7sus4 B7

            Run and find __ the one who loves me.

            E   G#m   G#m♭5 C#7

Verse 4 What I feel has come and gone be - fore,

            F#m7   G#m7

            No need to talk it out, ____

            Amaj7   G#m7

            We know what it's all about. ____

            C#m7   Amaj7 F#m7   B7sus4   E   G#m

            Hangin' around, ____   nothing to do but frown; ____

            F#m7   B7sus4   Emaj7 B7sus4 G#7

            Rainy days and Mondays always get me down. ____

            C#m7   Amaj7 F#m7   B7sus4   E   G#m

            Hangin' around, ____   nothing to do but frown; ____

            A   F#m7 G#m B7sus4 E   F#m7

            Rainy days and Mondays al - ways get me __ down.

            |Emaj7 F#m7 |Emaj7 F#m7 |Esus4 Emaj7 |

Smells Like Teen Spirit

Words and Music by Kurt Cobain,
Krist Novoselic and Dave Grohl

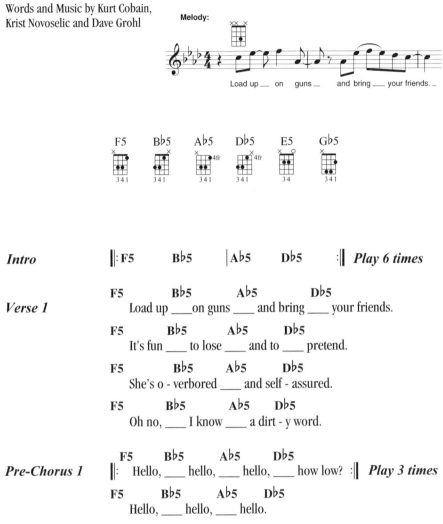

Melody:

Load up __ on guns __ and bring __ your friends. __

F5   Bb5   Ab5   Db5   E5   Gb5

3 4 1	3 4 1	3 4 1	3 4 1	3 4	3 4 1

Intro ‖: F5   Bb5 |Ab5   Db5   :‖ *Play 6 times*

Verse 1
    F5   Bb5   Ab5   Db5
    Load up ____on guns ____ and bring ____ your friends.

    F5   Bb5   Ab5   Db5
    It's fun ____ to lose ____ and to ____ pretend.

    F5   Bb5   Ab5   Db5
    She's o - verbored ____ and self - assured.

    F5   Bb5   Ab5   Db5
    Oh no, ____ I know ____ a dirt - y word.

Pre-Chorus 1
    F5   Bb5   Ab5   Db5
‖: Hello, ____ hello, ____ hello, ____ how low? :‖ *Play 3 times*

    F5   Bb5   Ab5   Db5
    Hello, ____ hello, ____ hello.

Chorus 1

          F5   Bb5   Ab5   Db5
With the lights ____ out it's less dan - g'rous.

            F5   Bb5   Ab5   Db5
Here we are ____ now, entertain ____ us.

        F5 Bb5   Ab5   Db5
I feel stu - pid and conta - gious.

            F5   Bb5   Ab5   Db5
Here we are ____ now, entertain ____ us.

      F5 Bb5 Ab5 Db5
A mulat - o, an albi - no,

       F5 Bb5 Ab5 Db5
A mosqui - to, my libi - do.   Yeah.

Bridge 1

| F5 E5 F5 Gb5 N.C. | Bb5   Ab5 Gb5 |
                    Yay,

| F5 E5 F5 Gb5 N.C. | Bb5   Ab5 Gb5 |
                    Yay.

Interlude 1

‖: F5   Bb5 | Ab5   Db5   :‖

Verse 2

F5   Bb5   Ab5 Db5
  I'm worse ____ at what ____ I ____ do best,

F5   Bb5   Ab5 Db5
  And for ____ this gift ____ I feel ____ blessed.

F5   Bb5   Ab5   Db5
  Our lit - tle group ____ has al - ways been

F5   Bb5   Ab5   Db5
  And al - ways will ____ until ____ the end.

Pre-Chorus 2   *Repeat Pre-Chorus 1*

Chorus 2   *Repeat Chorus 1*

Bridge 2   *Repeat Bridge 1*

Guitar Solo   ‖: F5   Bb5 | Ab5   Db5   :‖ *Play 8 times*

Interlude 2   *Repeat Interlude 1*

Verse 3

F5 Bb5 Ab5   Db5
And I ___ forget ___ just why ___ I taste.

F5   Bb5   Ab5   Db5
Oo yeah, ___ I guess ___ it makes ___ you smile.

F5   Bb5   Ab5   Db5
I found ___ it hard, ___ it's hard ___ to find.

F5   Bb5 Ab5 Db5
Oh well, ___ whatev - er, nev - er mind.

Pre-Chorus 3   *Repeat Pre-Chorus 1*

Chorus 3

       F5 Bb5 Ab5   Db5
With the lights ___ out it's less dan - g'rous.

        F5 Bb5   Ab5   Db5
Here we are ___ now, enter - tain ___ us.

     F5 Bb5 Ab5   Db5
I feel stu - pid and conta - gious.

       F5   Bb5 Ab5   Db5
Here we are ___ now, entertain ___ us.

      F5 Bb5 Ab5   Db5
A mulat - o, an albi - no,

       F5 Bb5 Ab5   Db5
A mosqui - to, my libi - do.

Outro

     F5 Bb5 Ab5 Db5
A de - nial, a de - nial,

     F5 Bb5 Ab5 Db5
A de - nial, a de - nial,

     F5 Bb5 Ab5 Db5
A de - nial, a de - nial,

     F5 Bb5 Ab5 Db5
A de - nial, a de - nial,

     F5
A de - nial!

Ring of Fire

Words and Music by
Merle Kilgore and June Carter

Melody:

Love   is   a burn - ing   thing,...

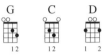

G   C   D

Intro
```
| G    | C    | G    |      |      |
|      | D    | G    |      |      |
```

Verse 1

      G   C   G   C G
Love is a burning thing

                    D G   D G
And it makes its fier - y ring.

             C   G C G
Bound by wild__ desires,

          D   G
I fell into a ring of fire.

Chorus 1

D   C   G
I fell into a burning ring of fire.

      D
I went down, down, down

        C   G
And the flames went higher.

And it burns, burns, burns,

      D   G
The ring of fire,

      D   G
The ring of fire.

| *Interlude* | ‖: G | C | G | | |
| | | D | G | | :‖ |

| *Chorus 2* | *Repeat Chorus 1* |

Verse 2

      G   C   G   C G
The taste of love is sweet

               D   G   D G
When hearts like ours meet.

          C   G C G
I fell for you like a child,

        D   G
Oh, but the fire went wild.

| *Chorus 3* | *Repeat Chorus 1* |

| *Chorus 4* | *Repeat Chorus 1* |

Outro

     G
And it burns, burns, burns,

     D   G
The ring __ of fire,

     D   G
‖: The ring of fire. :‖ *Repeat and fade*

Rocky Top

Words and Music by
Boudleaux Bryant and Felice Bryant

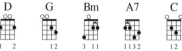

Verse 1

    D   **G**   **D**
Wish that I was on ol' Rocky Top,

Bm   **A7**   **D**
Down in the Tennessee hills.

               G   **D**
Ain't no smoggy smoke on Rocky Top,

Bm **A7**   **D**
Ain't no telephone bills.

Verse 2

    D   **G**   **D**
Once I had a girl on Rocky Top,

Bm   **A7**   **D**
Half bear, the other half cat.

               G   **D**
Wild as a mink, but sweet as soda pop;

Bm **A7**   **D**
I still dream about that.

Chorus 1

Bm   **A**
Rocky Top, you'll always be

C   **G**
Home sweet home to me.

      D
Good ol' Rocky Top.

        C   **D**
Rocky Top, Tennes - see.

        C   **D**
Rocky Top, Tennes - see.

Verse 3

```
D              G          D
Once two strangers climbed ol' Rocky Top,

Bm        A7        D
Lookin' for a moonshine still.

              G          D
Strangers ain't come down from Rocky Top;

Bm        A7    D
Reckon they never will.
```

Verse 4

```
D              G      D
Corn won't grow at all on Rocky Top,

Bm     A7       D
Dirt's too rocky by far.

          G          D
That's why all the folks on Rocky Top

Bm     A7         D
Get their corn from a jar.
```

Chorus 2

Repeat Chorus 1

Verse 5

```
D              G          D
I've had years of cramped-up city life,

Bm            A7        D
Trapped like a duck in a pen.

          G    D
All I know is it's a pity life

Bm     A7        D
Can't be simple a - gain.
```

Chorus 3

```
Bm                A
Rocky Top, you'll always be

C                    G
Home sweet home to me.

          D
Good ol' Rocky Top.

              C        D
Rocky Top, Tennes - see.

              C        D
Rocky Top, Tennes - see.

                  C   G   D
Rock Top, Tennessee.
```

Rolling in the Deep

Words and Music by
Adele Adkins and Paul Epworth

Melody:

There's a fi-re start-ing in my __ heart,

Chords: C5 G5 B♭5 A♭5 B♭ Gm G Cm

Intro | C5 | | ||

Verse 1

C5   G5
There's a fire start-ing in my heart,

        B♭5   G5   B♭5
Reach - ing a fever pitch and it's bring - ing me out the dark.

C5   G5
Finally I can see you crystal clear,

        B♭5   G5   B♭5
Go ahead and sell me out and I'll lay your shit bare.

Verse 2

C5   G5
See how I'll leave with every __ piece of you,

        B♭5   G5   B♭5
Don't underestimate the things that I will do.

C5   G5
There's a fire start - ing in my heart,

        B♭5   G5   B♭5
Reach-ing a fever pitch and it's bring - ing me out the dark.

Pre-Chorus 1

A♭   B♭   Gm
   The scars of your love remind me of us,

        A♭
They keep me thinking that we almost had it all.

        B♭   Gm
The scars of your love, they leave me breathless,

        G
I can't help feeling…

Chorus 1

                Cm   Bb

We could have had it all, (You're gonna wish you never had met me.)

              Ab

Rolling in the deep. (Tears are gonna fall, rolling in the deep.)

    Bb   Cm   Bb   Ab   Bb

You had my heart in-side your hand, __ and you played it to the beat.

Verse 3

C5   G5

Baby, I have no sto - ry to be told,

      Bb5   G5   Bb5

But I've heard one on you and I'm gonna make your head burn.

C5   G5

Think of me in the depths of your despair,

     Bb5   G5   Bb5

Mak - ing a home down there as mine sure won't be shared.

Pre-Chorus 2   *Repeat Pre-Chorus 1*

Chorus 2   *Repeat Chorus 1*

Chorus 3

                Ab Bb

Could have had it all.

            Cm   Bb

Rolling in the deep.

              Ab   Bb

You had my heart in-side your hand, but you played__ it with a beating.

Verse 4

N.C.

   Throw your soul through every open door,

Count your blessings to find what you look for.

Cm

Turn my sorrow into treasured gold.

Pay me back in kind and reap just what you sow.

Outro-Chorus

        Cm   Bb

‖: (You're gonna wish you never had met me.

Ab   Bb

Tears are gonna fall, rolling in the deep). :‖ *Play 5 times*

Cm   Bb   *w/ lead vocal ad lib.*

(You're gonna wish you never had met me.)

        Ab

But you played it, you played it, you played it,

        Bb   Cm

You played __ it to the beat.

Route 66

By Bobby Troup

Melody:

Well, if you ____ ev - er plan ____

G7   C7   D7

Intro

| G7 | | | | |

Verse 1

     G7   C7   G7
Well, if you ever plan ____ to motor West,

         C7   G7
Drive safe my way, that's the highway, that's the best.

                D7   C7   G7
Get your kicks ____ on Route Sixty Six.

Verse 2

     G7   C7   G7
Well, it winds from Chi - cago to L.A.

        C7   G7
More than two thousand miles all the way.

             D7   C7   G7
A, get your kicks on Route Sixty Six.

Bridge 1

     G7 N.C.   C7 N.C.
Well, it goes from St. Louie, down to Missouri,

G7 N.C.
Oklahoma City looks, oh, so pretty.

      C7   G7
You'll see Amarillo, and Gallup, New Mexico.

D7
Flagstaff, Arizona. Don't forget Winona,

G7
Kingman, Barstow, San Bernardino.

Verse 3

G7   C7   G7
Won't you get hip ___ to this kindly tip?

C7   G7
If you take that California trip,

D7   C7   G7
Get your kicks ___ on Route Sixty Six.

Solos

```
‖: G7    |        |        |        |
 | C7    |        | G7     |        |
 | D7    | C7     | G7     |       :‖  Play 5 times
```

Verse 4

G7   C7   G7
Would you get hip ___ to this kindly tip,

C7   G7
And go take that California trip?

D7   C7   G7
And get your kicks ___ on Route Sixty Six.

D7   C7   G7
Well, get your kicks ___ on Route Sixty Six.

D7   C7   G7
Well, get your kicks ___ on Route Sixty Six.

Smooth

Words by Rob Thomas
Music by Rob Thomas and Itaal Shur

Melody:

Man, it's a hot one.

Am   F   E7   Dm7   Bm7♭5   E   G7   F#7sus4

Intro

‖: Am   F   E7 | :‖

Verse 1

           Am   F   E7
Man, it's a hot one.

                 Am   F   E7
Like seven inches from the midday sun.

Well, I hear your whisper

      Dm7   Bm7♭5   E
And the words melt ev' - ryone.

         Am   F E7
But you stay so __ cool.

       Am   F E7
My Mune - quita,

             Am   F   E7
My Spanish Harlem Mona Lisa.

           Dm7   Bm7♭5
Well, you're my reason for __ reason,

E   Am   F E7
The step in my groove.

MANDOLIN CHORD SONGBOOK

Pre-Chorus 1
                            Am   **F**   **E7**
And if you said __ this life __ ain't __ good enough,

                Am   **F E7**
I would give   my world   to lift you up.

                  Am   **F E7**   **Dm7**   **Bm7♭5**
I could change   my life   to better suit your mood

G7   **F#7sus4**   **E7**
Because you're so __ smooth.

Chorus 1
                    Am   **F**   **E7**
Well, and it's just like the o - cean   under the moon.

                  Am   **F**   **E7**
Well, it's the same as the emo - tion that I get from you.

              Am   **F**   **E7**
You got the kind of lov - in' that can be so smooth, yeah.

Dm7 N.C.   **Dm7**   **E7**
Gimme your heart, make it real.

N.C.
Or else forget about it.

Interlude   ‖: **Am**   **F**   **E7** | :‖

Verse 2

                    Am   **F   E7**
Well, I'll tell you one thing,

                              Am   **F   E7**
If you would leave it'd be a cryin' shame.

                        Dm7
In ev'ry breath and ev'ry word

              Bm7♭5   **E**   **Am**   **F E7**
I hear your name callin' me   out,   yeah.

                        Am   **F   E7**
Well, out from the barrio

                              Am   **F   E7**
You hear my rhythm on your radio.

                          Dm7
And you feel the turning of the world,

              Bm7♭5   **E**
So soft and slow,

                    Am   **F E7**
Turnin' you __ round   and round.

Pre-Chorus 2   ***Repeat Pre-Chorus 1***

Chorus 2   ***Repeat Chorus 1***

Solo   ‖: Am   F   E7 | :‖ *Play 3 times*
              |Dm7   Bm7♭5 | G7 | F♯7sus4   E7 | |

Chorus 3   ***Repeat Chorus 1***

Outro   ‖: Am   F   E7 | :‖ *Repeat until fade*

Southern Cross

Words and Music by Stephen Stills,
Richard Curtis and Michael Curtis

Melody:

Got out of town __ on a boat

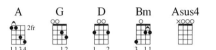

A   G   D   Bm   Asus4

Intro
| A   G | D | A   G | D   A |

Verse 1
                  A   G   D
Got out of town ___ on a boat   goin' to southern is - lands,

             A   G   D   A
Sailing a reach be - fore a following sea.

                              G   D
She was making for the trades ___ on the outside

            A   G   D   A
And the downhill run   to Papee - te.

Verse 2
          A   G   D
Off the wind ___ on this heading lie the Mar - quesas.

         A   G   D   A
We got eighty feet of a waterline nicely mak - ing way.

              G   D
In a noisy bar in Avalon I tried to call you,

          A   G   D   Bm   A
But on a midnight watch I realized why twice you ran away.

Think about…

Pre-Chorus 1

```
G                 D        G     A
Think about how many times I have fa - allen.

G         D       G          A
Spirits are using me, larger voices ca-allin'.

G                 D         G          A
What heaven brought you and me cannot be forgo - otten.
```

Chorus 1

```
A                       D    G    A
Been around... I have been a - round ___ the world.

  Asus4 A  D              G     A
Lookin'. ___      Lookin' for that woman, girl

         Asus4     A  D       G     A
Who knows, she knows. Who knows love can en - dure.

N.C.              A G D
And you know it will.       Mm.

| A    G   | D   A   |
```

Verse 3

```
            A          G          D
When you see ___ the Southern Cross for the first time,

    A         G          D      A
You understand now why you came this way.

                      G          D
'Cause the truth you might be running from is so small,

        A     G         D       Bm   A
But it's as big as the promise, the promise of a comin' day.
```

Verse 4

```
N.C.  A        G                D
So I'm sailing for to - morrow, my dreams are a dying.

      A        G            D       Bm      A
And my love is an an - chor tied to you, tied with a silver chain.

N.C.     A      G           D
I have my ship and all her flags are a flying.

      A        G     D     Bm   A
She is all that I have left and music is her name.


Think about...
```

Pre-Chorus 2   *Repeat Pre-Chorus 1*

Chorus 2

   A   D   G   A
   Been around… I have been a - round ___ the world.

        Asus4 A D   G   A
Lookin'. ___   Lookin' for that woman, girl

Asus4 A   D   G   A
   Who knows love can en - dure.

N.C.   A G D   A   G
And you know it will.   And you know ___ it will.

   D   A
      Peace.

Interlude   ‖: A   G |D |A   G |D   A :‖

Verse 5

        A   G   D
So we cheated and we lied ___ and we tested.

        A   G   D   A
And we never failed to fail; it was the easiest thing to do.

             G   D
You will survive ___ being bested.

            A   G   D   Bm A
Somebody fine ___ will come along, make me for - get about loving you

N.C.   A   G D
And the Southern Cross.

|A   G |D   ‖

Stand by Me

Words and Music by Jerry Leiber,
Mike Stoller and Ben E. King

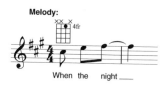

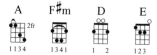

Intro

| A | | | F#m | | | |
| D | | E | A | | | |

Verse 1

                    A   **F#m**
When the night __ has come   and the land is dark

               D   **E**   **A**
And the moon __ is the on - ly light we'll see.

                          F#m
No, I won't be afraid, oh, I won't be afraid

              D   **E**
Just as long __ as you stand,

          A
Stand by __ me.

Chorus 1

So darling, darling,

A
Stand by me.

F#m
Oh, stand __ by me.

D
Oh, stand,

E
  Stand by me.

A
  Stand by me.

Verse 2

      A   **F#m**
If the sky __ that we look upon   should tumble and fall

             D   **E**   **A**
Or the moun - tain should crumble to the sea,

                F#m
I won't cry, I won't cry. No, I won't shed a tear

         D   **E**
Just as long __ as you stand,

        A
Stand by __ me.

Chorus 2   *Repeat Chorus 1*

Interlude   *Repeat Intro 2 times*

Chorus 3   *Repeat Chorus 1 till fade*

Summer Breeze

Words and Music by
James Seals and Dash Crofts

Melody:

See the cur - tains hang - in' in the win - dow

  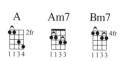

Em7 C E G D A Am7 Bm7 G7 G6

Intro ‖: Em7 C | Em7 C :‖ *Play 3 times*

Verse 1

E　　　　　　　　G
See the curtains hang - in' in the window

D　　　　　　　A　　E Am7
In the evening on a Friday night.

E　　　　　　　　G
A little light a shin - in' through the window

D　　　　　　　A　　　E
Lets me know ev'ry - thing's alright.

Chorus 1

Am7　　　　　　　Bm7
Summer breeze makes me feel fine,

Am7　　　　　　　　　　　　　　G G7 G6 G
Blowin' through the jasmine in my mind.

Am7　　　　　　　Bm7
Summer breeze makes me feel fine,

Am7　　　　　　　　　　　　G　 G7 G6 G
Blowin' through the jasmine in my mind.

| **Interlude** | ‖: Em7 Am7 │ Em7 Am7 :‖ |

Verse 2

E   G
   See the paper lay - in' on the sidewalk,

D   A   E Am7
   A little music from the house next door.

E   G
   So I walked on up to the doorstep,

D   A   E
   Through the screen and a - cross the floor.

Chorus 2   *Repeat Chorus 1*

Bridge

Em7   Am7   Em7   Am7
Sweet days of summer, the jasmine's in bloom.

Em7 Am7   Em7   Am7
July is dressed up and playing her tune.

              C   D
And I come home from a hard ___ day's work

              C   D   A
And you're waitin' there, not a care ___ in the world.

Verse 3

E   G
   See the smile a wait - in' in the kitchen,

D   A   E Am7
   Food cookin' and the plates for two.

E   G
   Feel the arms that reach ___ out to hold me

D   A   E
   In the evening when the day is through.

Chorus 3   *Repeat Chorus 1*

Outro   *Repeat Interlude and fade*

Sundown

Words and Music by
Gordon Lightfoot

I can see her ly-in' back in her

To match recording, tune down 1/2 step

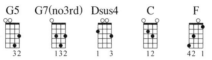

Intro

|G5 | | | |
|G7(no3rd) | |G5 | | |

Verse 1

        G5
I can see her lyin' back in her satin dress

       Dsus4   **G5**
In a room where you do what you don't confess.

Chorus 1

      G5   **C**
  Sundown, you better take care

        F   **G5**
If I find you been creepin' 'round my back stairs.

           C
Sundown, you better take care

        F   **G5**
If I find you been creepin' 'round my back stairs.

Verse 2

G5
She's been lookin' like a queen in a sailor's dream,

    Dsus4   G5
And she don't always say what she really means.

Chorus 2

G5   C
Sometimes, I think it's a shame

    F   G5
When I get feelin' better when I'm feelin' no pain.

        C
Sometimes, I think it's a shame

    F   G5   G7(no3rd)
When I get feelin' better when I'm feelin' no pain.

Verse 3

G5
I can picture ev'ry move that a man could make.

    Dsus4   G5
Getting lost in her lovin' is your first mistake.

Chorus 3

G5   C
Sundown, you better take care

    F   G5
If I find you been creepin' 'round my back stairs.

        C
Sometimes, I think it's a sin

    F   G5
When I feel like I'm winnin' when I'm losin' again.

| *Guitar Solo* | ‖: **G5** | | :‖ *Play 7 times* |

Verse 4

G5
I can see her lookin' fast in her faded jeans.

       Dsus4   **G5**
She's a hard lovin' woman, got me feelin' mean.

Chorus 4

G5   **C**
  Sometimes, I think it's a shame

       F   **G5**
When I get feelin' better when I'm feelin' no pain.

           C
Sundown, you better take care

      F   **G5**
If I find you been creepin' 'round my back stairs.

           C
Sundown, you better take care

      F   **G5**
If I find you been creepin' 'round my back stairs.

           C
Sometimes, I think it's a sin

      F   **G5**
When I feel like I'm winnin' when I'm losin' again.

| *Outro-Guitar Solo* | ‖: **G5** | | :‖ *Repeat and fade* |

Sunny Came Home

Words and Music by
Shawn Colvin and John Leventhal

Melody:

Sun-ny came home   to her   fav-'rite   room, _

To match recording, capo II

Am   Asus2   G   F   Em   C   F#m7♭5

Dm9   Dm   Fmaj7♭5   Fmaj7   Dm7   D7   A5

Intro

| Am   Asus2 | Am   Asus2 |

| Am   G | F   Em | Am   G | C   G |

| F#m7♭5   G | F   Em | F   G | Dm9 |

Verse 1

Am   G   F   Em
 Sunny came home to her fav'rite room.

Am   G   C   G
 Sunny sat down in the kitchen.

F#m7♭5   G   F   Em
 She opened a book and a box of tools.

Dm   Am   Fmaj7♭5   Fmaj7
 Sunny came home with a mission.

Chorus 1

                          C   G   Dm7   F
She says, "Days ____ go by, ____ I'm hyp - notized,

              C   G   Dm7
I'm walk - ing on ____ a wire.

              C   G
I close ____ my eyes

          Dm7   Am   D7
And fly   out of ____ my mind

G   Fmaj7
 Into the fire."

Interlude 1 |Am   G |F   Em |Am   G |C   G |

Verse 2

Am   G   C   G
Sunny came home with a list of names.

Am   G   C   Em
She didn't believe ___ in tran - scendence.

F   G   Am   G
"It's time for a few small re - pairs," she said,

Dm7   Am   Fmaj7♭5   Fmaj7
But Sunny came home with a vengeance.

Chorus 2

                    C   G   Dm7   F
She says, "Days ___ go by, ___ I don't ___ know why

          C   G   Dm7
I'm walk - ing on ___ a wire.

          C   G
I close ___ my eyes

     Dm7   Am   D7
And fly   out of ___ my mind

G   Fmaj7
Into the fire."

Bridge

     G   Em   F
Get ___ the kids ___ and bring ___ a sweater.

     G   Em   F
Dry ___ is good ___ and wind ___ is better.

     G   Em   F
Count ___ the years ___ you al - ways knew it.

     G   Em   Fmaj7♭5   Fmaj7
Strike ___ a match, ___ go on ___ and do ___ it.

Chorus 3

       C   G   Dm7   F
Oh, days ____ go by, ____ I'm hyp - notized,

      C   G   Dm7
I'm walk - ing on ____ a wire.

       C   G
I close ____ my eyes

   Dm7   F   C
And fly   out of ____ my mind

    G   Dm7
Into ____ the fire.

       C   G   Dm7   F
Oh, light ____ the sky ____ and hold ____ on tight,

      C   G   Dm7
The world ____ is burn - ing down.

      C   G   Dm7
She's out ____ there on ____ her own

      Am   D7
And she's ____ alright.

G   Fmaj7 F#m7♭5 Am D7
  Sunny came home.

      Am Asus2 Am Asus2 Am Asus2
Sunny came home.   Mm.

Am   Asus2 Am Asus2 Am Asus2 Am Asus2 Am Asus2
  Mm.

Outro

| Am Asus2 | Am Asus2 | Am Asus2 | Am Asus2 |
| Am Asus2 | Am Asus2 | A5

Sweet Caroline

Words and Music by
Neil Diamond

Melody:

Where it be - gan, ___

To match recording, capo IV

D7(no3rd) D7sus2 D7sus4 D7 Bm

Am G C D G6

Intro

| D7(no3rd) | | | D7sus2 | | |
| D7sus4 | | D7 | Bm Am | |

Verse 1

G   C
Where it began,   I can't begin to knowin',

G   D
But then I know it's growin' strong.

G   C
Was in the spring,   and spring became the summer.

G   D
Who'd have believed you'd come along?

Pre-Chorus 1

G   G6
Hands,   touchin' hands,

D7   C   D
Reachin' out,   touchin' me, touchin' you.

Chorus 1

G   C   D
Sweet Caroline, ___ good times never seemed so good.

G   C   D
I've been inclined ___ to believe they never would.

Verse 2

C Bm Am G   C
But now I   look at the night   and it don't seem so lonely.

G   D
We fill it up with only two.

G   C
And when I hurt,   hurtin' runs off my shoulders.

G   D
How can I hurt when holdin' you?

Pre-Chorus 2

G   G6
Warm,   touchin' warm,

D7   C   D
Reachin' out,   touchin' me, touchin' you.

Chorus 2

G   C   D
Sweet Caroline, ___ good times never seemed so good.

G   C   D
I've been inclined ___ to believe they never would.

C Bm Am
Oh, no, no.

Interlude   *Repeat Intro*

Outro-Chorus

          G   C   D
‖: Sweet Caroline, ___ good times never seemed so good.

G   C   D
Sweet Caroline ___ I believe they never could. :‖ ***Repeat and fade***

That'll Be the Day

Words and Music by Jerry Allison,
Norman Petty and Buddy Holly

Melody:

Well, ___ that - 'll be the day...

D   A   E7   B   D7

Chorus 1

          D
Well, that'll be the day

When you say goodbye, yes,
A
That'll be the day

When you make me cry-y.
    D
You say you're gonna leave;

You know it's a lie, 'cause
A   **E7**   **A**
That'll be the day when I die.

Verse 1

          D
Well, you give me all your lovin'
       A
And your   turtle dovin',
   D
A all your hugs and kisses and your
A
    Money, too. Well, uh,
D
    Y' know you love me, baby.
A
    Still you tell me maybe
B   **E7**
That someday, well, I'll be blue.

| **Chorus 2** | *Repeat Chorus 1* |

Solo

A			A				
D		A				
E7	D7	A		E7	

| **Chorus 3** | *Repeat Chorus 1* |

Verse 2

     D
Well, uh, when Cupid shot his dart,
A
   He shot it at your heart.
D
   So if we ever part then
A
   I'll leave you.
D
   You sit and hold me
A
   And you tell me boldly
B   **E7**
That someday, well, I'll be blue.

| **Chorus 4** | *Repeat Chorus 1* |

Outro

     D
Well, that'll be the day.

     A
Oo. That'll be the day.

     D
Oo. That'll be the day.

     A
Oo. That'll be the day.

That's Amoré
(That's Love)
from the Paramount Picture THE CADDY

Words by Jack Brooks
Music by Harry Warren

Melody:

In Na-po-li, ___ where love is king,

Am   Dm   Am6   F   E7   A   C°7   C#7   G7   F#7   Bm

D6   Dm6   F7   Bb   Db°7   D7   Ab7   Cm   Eb6   Ebm6

Intro

      Am   **Dm**
In Napoli, where love is king,

                  Am6   **F**   **E7**
When boy meets girl, here's what they sing:

| A | | | | |

Verse 1

               A
When the moon hits your eye

                       E7
Like a big pizza pie, that's a - more.

When the world seems to shine

                           A
Like you've had too much wine, that's a - more.

Bells will ring, ting-a-ling-a-ling, ting-a-ling-a-ling,

         C°7   **E7**
And you'll sing, "Veeta bella."

Hearts will play, tippy-tippy-tay, tippy-tippy-tay

            A
Like a gay taran - tella.

Verse 2

        A
When the stars make you drool

                  E7
Just like pasta fazool, that's a - more.

When you dance down the street with a cloud at your feet,

       C#7 G7 F#7
You're in love.

       Bm   **D6**   **Dm6**
When you walk in a dream but you know you're not dream - ing,

     A   **C°7**   **E7** **C°7**   **E7**
Sig - nore, scuzza me, but you see,

C°7   **E7**   **A**
Back in old Napo - li, that's a - more.

Verse 3

F7   **B♭**
   (When the moon hits your eye like a big pizza pie,

D♭°7   **F7**
That's a - more.) That's amore.

(When the world seems to shine like you've had too much wine,

       B♭
That's a - more.) That's amore.

(Bells will ring, ting-a-ling-a-ling, ting-a-ling-a-ling,

      D♭°7   **F7**
And you'll sing, "Veeta bella, veeta bell, veeta bella."

Hearts will play, tippy-tippy-tay, tippy-tippy-tay

        B♭
Like a gay taran - tella.) Lucky fella.

Verse 4

       F7 B♭
When the stars make you drool

             D♭°7   **F7**
Just like pastafa - zool, that's a - more.

When you dance down the street with a cloud at your feet,

      D7   **A♭7** **G7**
You're in love.

       Cm   **E♭6**   **E♭m6**
When you walk in a dream but you know you're not dream - ing,

    B♭   **D♭°7** **F7** **D♭°7** **F7**
Sig - nore, scuzza me, but you see,

D♭°7 **F7**   **B♭**
Back in old Napoli, that's a - more.

   G♭   **F7**   **B♭**
(A - more.) That's a - more.

This Land Is Your Land

Words and Music by
Woody Guthrie

Melody:

This   land   is   your   land...

To match recording, capo III

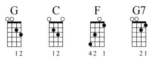

G   C   F   G7

1 2   1 2   42 1   2 1

Intro | G | | C | | |

Chorus 1

          F   C
This land is your land and this land is my land

          G7   C
From Cali - fornia to the New York island.

                F   C
From the redwood forest to the Gulf Stream waters,

G7   C
This land was made for you and me.

Verse 1

          F   C
As I was walking that ribbon of highway,

         G7   C
I saw a - bove me that endless skyway,

          F   C
I saw be - low me that golden valley.

G7   C
This land was made for you and me.

F			C			
		G				

Verse 2

                       F   C
I've roamed and rambled and I followed my footsteps

                     G7   C
To the sparkling sands of her diamond deserts.

            F   C
All a - round me, a voice was sounding,

G7   C
This land was made for you and me.

Verse 3

                    F   C
When the sun came shining, and I was strolling,

                   G7   C
And the wheat fields waving, and the dust clouds rolling,

                F   C
As the fog was lifting a voice was chanting:

   G7   C
"This land was made for you and me."

Chorus 2   **Repeat Chorus 1**

Verse 4

           F   C
As I went walking, I saw a sign there,

           G7   C
And on the sign it said "No Tres - passing."

           F   C
But on the other side it didn't say nothing.

G7   C
This side was made for you and me.

| | F   C |
| *Verse 5* | In the shadow of the steeple I saw my people, |

                       G7   C
              By the re - lief office I seen my people;

                             F   C
              As they stood there hungry, I stood there asking:

              G7   C
              Is this land made for you and me?

| | F   C |
| *Verse 6* | Nobody living can ever stop me, |

              G7   C
              As I go walking that freedom highway;

                      F   C
              Nobody living can ever make me turn back.

              G7   C
              This land was made for you and me.

| *Chorus 3* | *Repeat Chorus 1* |

Outro	|F |C | | |
	|G7 |C | | |
	|F |C | | |
	|G7 |C | | |

Time in a Bottle

Words and Music by
Jim Croce

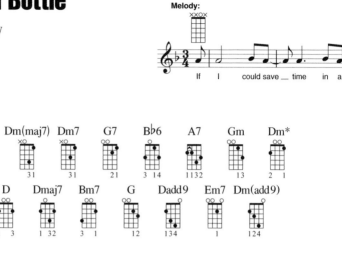

Intro

| Dm | Dm(maj7) | Dm7 | G7 | |
| B♭6 | A7 Gm A7 | | | |

Verse 1

    Dm   **Dm(maj7)**   **Dm7 G7**
If I could save ___ time in a bottle,

    B♭6   **A7 Gm A7**
The first thing that I'd like to do

    Dm   **Dm7**
Is to save ev'ry - day

    B♭6   **Gm**   **Dm***
Till e - ternity pass - es away

    Gm   **A7**
Just to spend them with you

Verse 2

    Dm   **Dm(maj7)** **Dm7** **G7**
If I could make days last for - ever,

    B♭6   **A7 G7**
If words could make wish - es come

A7
True;

    Dm   **Dm7**
I'd save ev'ry - day

     B♭6   **Gm**
Like a treasure and then,

    Dm*   **Gm**   **A7**
A - gain I would spend them with you.

Chorus 1

         D   **Dmaj7**
But there never seems to be enough time

  Bm7   **D**   **G**
To do the things you wanna do once you find them.

| **Dadd9** | **Em7** | **A7** | |

     D   **Dmaj7**
I've looked around e - nough to know

  Bm7   **D**   **G**
That you're the one I want to go through time with.

| **Dadd9** | **Em7** | **A7** | |

Interlude   *Repeat Intro*

Verse 3

    Dm   Dm(maj7) Dm7 G7
If I had a box just for wishes,

    B♭6   **A7 Gm**
And dreams that had never ___ come

A7
True;

    Dm   **Dm7**
The box would be empty

    B♭6   **Gm**   **Dm***
Ex - cept for the mem'ry of how

        Gm   **A7**
They were answered by you.

Chorus 2   *Repeat Chorus 1*

Outro   ‖: Dm(add9) | :‖ *Play 3 times*

Toes

Words and Music by Shawn Mullins,
Zac Brown, Wyatt Durrette and
John Driskell Hopkins

To match recording, tune down 1/2 step

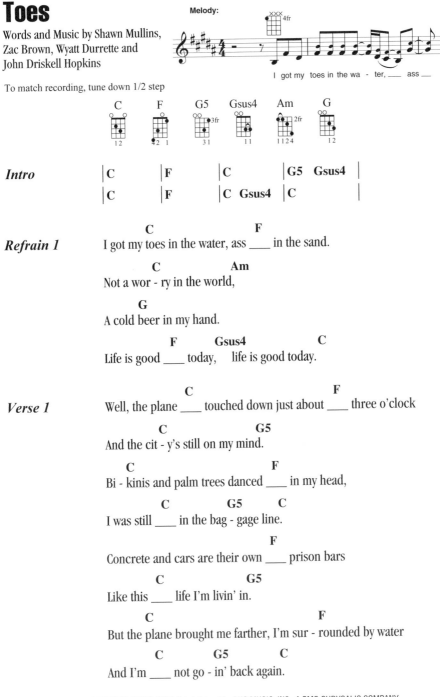

Melody:

I got my toes in the wa - ter, ___ ass ___

C   F   G5   Gsus4   Am   G

Intro

| C | F | C | G5 Gsus4 |
| C | F | C Gsus4 | C |

Refrain 1

              C   F
I got my toes in the water, ass ___ in the sand.

               C   Am
Not a wor - ry in the world,

               G
A cold beer in my hand.

                        F   Gsus4   C
Life is good ___ today,   life is good today.

Verse 1

                    C   F
Well, the plane ___ touched down just about ___ three o'clock

                 C   G5
And the cit - y's still on my mind.

            C   F
Bi - kinis and palm trees danced ___ in my head,

                 C   G5   C
I was still ___ in the bag - gage line.

                                        F
Concrete and cars are their own ___ prison bars

                 C   G5
Like this ___ life I'm livin' in.

               C   F
But the plane brought me farther, I'm sur - rounded by water

               C   G5   C
And I'm ___ not go - in' back again.

Refrain 2

          C   F
I got my toes in the water, ass ____ in the sand.

          C   Am
Not a wor - ry in the world,

     G
A cold beer in my hand.

            F   G5   C
Life is good ____ today,   life is good today.

Chorus 1

N.C.   F   C
Adios 'n' vaya con Dios, yeah, I'm leavin' GA.

                  G
And if it weren't ____ for tequila and pretty senoritas,

                 C
Ah, I'd have no reason to stay.

N.C.   F   C
 Adios 'n' vaya con Dios, yeah, I'm leavin' GA.

       G
Gonna lay in the hot sun and roll a big fat one

          N.C.
And, and grab my guitar and play.

Interlude

| C | F | C | G5 Gsus4 |
| C | F | C Gsus4 | C | |

Verse 2

              C   F
The four days ____ flew by like a drunk ____ Friday night

        C   G5
As the sum - mer drew to an end.

      C   F
They ____ can't believe that I just ____ couldn't leave

        C   G5   C
And I bid ____ adieu ____ to my friends.

                    F
'Cause my bartender, she's ____ from the islands.

     C   G5
Her body's been kissed by the sun.

     C   F
And coconut replaces the smell ____ of the bar

         C   G5   C
And I don't ____ know if it's her ____ or the rum.

Refrain 3   *Repeat Refrain 2*

Chorus 2

N.C.   F   C

Adios 'n' vaya con Dios, a long way from GA.

        G

Yes, and all the muchachas, they call me "Big Papa"

             C

When I throw pesos their way.

N.C.   F   C

   Adios 'n' vaya con Dios, a long way from GA.

         G

Someone do me a favor and pour me some Jager

      N.C.

And,   I'll grab my guitar and play.

Interlude

| C | F | C | G5   Gsus4 |
| C | F | C   Gsus4 | C | |

Chorus 3

N.C.   F   C

Adios 'n' vaya con Dios, goin' home, now, to stay.

         G

The senor - itas don't care-o when there's no dinero, yeah.

           C

I got no money to stay.

N.C.   F   C

   Adios 'n' vaya con Dios, goin' home, now, to stay.

G5

Just gonna drive up by the lake…

Outro-Refrain

         C   F

And put my ass in a lawnchair, toes ___ in the clay.

         C   Am

Not a wor - ry in the world,

      G

A P.B.R. on the way.

          F   Gsus4   C   F   G   C

Life is good ___ today,   life is good today.

21 Guns

Words and Music by David Bowie,
John Phillips, Billie Joe
and Green Day

Melody:

Do you know _ what's worth fight - ing for __

Dm   Bb   F   C   C5   F5   D5   Bb5   A5

Intro

‖: Dm   Bb | F   C :‖

Verse 1

     Dm   Bb   F   C
Do you know what's worth fighting for

     Dm   Bb   F   C
When it's not worth dying for?

     Dm   Bb   F   C
Does it take your breath away

               Bb   C
And you feel ____ yourself suffocat - ing?

     Dm   Bb   F   C
Does the pain weigh out the pride

     Dm   Bb   F   C
And you look for a place to hide?

     Dm   Bb   F   C
Did some - one break your heart inside?

            Bb   C5
You're in ru - ins.

Chorus 1

F5 N.C. C   N.C.   D5
One,   twenty-one guns.

N.C. C5   Bb5
     Lay down your arms.

F5   C5
Give up the fight.

F5 N.C. C   N.C.   D5
One,   twenty-one guns.

N.C. C5   Bb5
     Throw up your arms

F5   C5   Bb5 F5 C5
Into the sky, ____ you and I.

Verse 2

Dm   Bb   F   C
   When you're at the end of the road

Dm   Bb   F   C
  And you lost all sense of control.

Dm   Bb   F   C
  And your thoughts have taken their toll

                Bb   C
When your mind ____ breaks the spirit of your soul.

Dm   Bb   F   C
  Your faith walks on broken glass

Dm   Bb   F   C
  And the hangover doesn't pass.

Dm   Bb F   C
  Nothing's ever built to last.

              Bb   C5
You're in ru - ins.

Chorus 2   *Repeat Chorus 1*

Bridge

D5   B♭5 F5   C5
Did you try to live on your own

D5   B♭5   F5   A5
When you burned down the house and home?

D5   B♭5   F5   A5
Did you stand too close to the fire

      B♭5   C5
Like a li - ar looking for forgive - ness from a stone?

Interlude 1

‖: F5   C |D5   C5 |B♭5 F5 |C5   :‖
|B♭5 F5 |A5 |

Interlude 2

Repeat Intro

Verse 3

Dm   B♭   F   C
When it's time to live and let die

Dm   B♭   F   C
And you can't get an - other try,

Dm   B♭   F   C
Something inside this heart has died.

      B♭
You're in ru - ins.

Chorus 3

F5 N.C. C   N.C.   D5
One,   twenty-one guns.

N.C. C5   B♭5
    Lay down your arms.

F5   C5
Give up the fight.

F5 N.C. C   N.C.   D5
One,   twenty-one guns.

N.C. C5   B♭5
    Throw up your arms

F5   C5
Into the sky.

Chorus 4

Repeat Chorus 1

Wagon Wheel

Words and Music by
Ketch Secor and Bob Dylan

Melody:

Head-in' down   south __   to the   land __ of the   pines, __

A   E   F#m   D

Intro   ‖: A |E |F#m |D   :‖
               |A |E |D | |

Verse 1
    A   E
Headin' down south to the land of the pines,

    F#m   D
I'm thumbin' my way out of North ____ Caroline.

A   E   D
Starin' up the road and pray to God I see head - lights.

A   E
I made it down the coast in seventeen hours.

    F#m   D
Pick - in' me a bouquet of dog - wood flowers.

        A   E   D
And I'm a hopin' for Raleigh, I can see my baby tonight.

Chorus 1

              A   E
So, rock ___ me, mama, like a wagon wheel.

     F#m   D
Rock ___ me, mama, any way you feel.

       A E   D
Hey, _____ mama, rock ___ me.

       A   E
Rock ___ me, mama, like the wind and the rain.

     F#m   D
Rock ___ me, mama, like a southbound train.

       A E   D
Hey, _____ mama, rock ___ me.

Fiddle Solo 1

| A | E | F#m | D | |
| A | E | D | | |

Verse 2

A   E
Runnin' from the cold up in New England,

     F#m   D
I was born to be a fiddler in an old time string band.

     A   E   D
My baby plays the guitar,   I pick a banjo now.

     A   E
Oh, north country winters keep a gettin' me down.

     F#m   D
Lost my money playin' poker, so I had to leave town.

     A   E   D
But I ain't turnin' back to livin' that old life no more.

Chorus 2   *Repeat Chorus 1*

Fiddle Solo 2   *Repeat Fiddle Solo 1*

Guitar Solo   *Repeat Fiddle Solo 1*

Verse 3

    A   E

Walkin' through the South out of Roanoke,

    F♯m   D

I caught a trucker out of Philly, had a nice long toke.

    A   E

But he's a-headin' west from the Cumberland Gap

    D

To Johnson City, Tennessee.

    A   E

I got, ___ I gotta move on be - fore the sun.

    F♯m   D

I hear my baby callin' my name and I know that she's the only one.

    A   E   D

And if I die in Raleigh, at least I will die   free.

Chorus 3   *Repeat Chorus 1*

Chorus 4

    A   E

So, rock ___ me, mama, like a wagon wheel.

    F♯m   D

Rock ___ me, mama, any way you feel.

    A E   D

Hey, _____ mama, rock ___ me.

    A   E

Rock ___ me, mama, like the wind and the rain.

    F♯m   D

Rock ___ me, mama, like a southbound train.

    A E   D

Hey, _____ mama, rock ___ me.

    A E F♯m D A E D

Rock me.

Outro   *Repeat Fiddle Solo 1 and fade*

Twist and Shout

Words and Music by
Bert Russell and Phil Medley

Melody: Well, shake it up ba - by, — now,...

Chords: D G A7 A5 A#5 B5 C5 C#5 D5 D9

Intro | D   G A7 | | D   G A7 | |

Chorus 1
                             D   G   A7
Well, shake it up, ba - by, now, (Shake it up, baby.)

                    D   G   A7
Twist and shout. (Twist and shout.)

                                           D   G   A7
Come on, come on, come on, come on, baby, now. (Come on, baby.)

                          D G   A7
Come on and work it on out.__ (Work it on out.)

Verse 1
                         D G   A7
Well, work it on out. __ (Work it on out.)

                            D   G   A7
You know you look so good. (Look so good.)

                            D   G   A7
You know you got me goin' now. (Got me goin'.)

                            D   G   A7
Just like I knew you would. __ (Like I knew you would.)

Chorus 2	*Repeat Chorus 1*

                                               D **G**   **A7**

Verse 2   You know you twist, little girl. __ (Twist, little girl.)

                              D   **G**   **A7**
        You know you twist so fine. (Twist so fine.)

                                D   **G**   **A7**
        Come on and twist a little closer now. (Twist a little closer.)

                                D   **G**   **A7**
        And let me know that you're mine. (Let me know you're mine.)

Interlude   ‖: D   G **A7** | G **A7** :‖ *Play 4 times*
              A7
              Ah, ah, ah, ah. Wow!

Chorus 3	*Repeat Chorus 1*
Verse 3	*Repeat Verse 2*

                                 D   **G**   **A7**

Outro   Well, shake it, shake it, shake it, baby, now. (Shake it up, baby.)

                                 D   **G**   **A7**
        Well, shake it, shake it, shake it, baby, now. (Shake it up, baby.)

                                 D   **G**   **A7**
        Well, shake it, shake it, shake it, baby, now. (Shake it up, baby.)

                 A5 A♯5 B5 C5 C♯5 D5 D9
        Ah, ah, ah, ah.

Unchained Melody

Lyric by Hy Zaret
Music by Alex North

C   Am   F   G   Em   C7   E♭   Fm

Verse 1

    C   Am   F
Whoa, my ___ love, my ___ darlin',

     G   C   Am   G
I've hungered for your ___ touch, a long lonely time.

       C   Am   F
And time goes ___ by so ___ slowly

     G   C
And time can do so ___ much.

    Am   G
Are ___ you still mine?

     C   G Am   Em
I ___ need your love.   I need ___ your love.

      F   G   C C7
God   speed your love to me.

Bridge

	F	G	F	E♭

F   G   F   E♭
Lonely rivers flow to the sea, to the sea,

F   G   C
To the open arms of the sea, yeah.

F   G   F   E♭
Lonely rivers sigh, "Wait for me, wait for me.

F   G   C
I'll be comin' home, wait for me."

Verse 2

C   Am   F
Whoa, my ___ love, my ___ darlin',

 G   C   Am   G
I've hungered, hungered for your ___ touch, a long lonely time.

  C   Am   F
And time goes ___ by so ___ slowly

 G   C
And time can do so ___ much.

  Am   G
Are ___ you still mine?

  C   G   Am   Em
I ___ need your ___ love. I ___ need ___ your love.

   F   G   C Am F Fm C
God speed your love to me.

Wake Up Little Susie

Words and Music by Boudleaux Bryant
and Felice Bryant

Melody:

Wake up, lit - tle Su - sie, __

D   F   G   D7   A   E7   A7

Intro

‖: D | F G F :‖

Chorus 1

D   F   G   F   D
Wake up, little Susie, wake up.

                                     F   G   F   D
Wake up, little Susie, wake up.

Verse 1

        G   D7   G
We've both been sound asleep.

             D7   G
Wake up little Susie and weep.

             D7   G   D7
The movie's o - ver, it's four o-clock,

        G   D7   G
And we're in trouble deep.

Chorus 2

              A
Wake up, little Susie,

G   **A**
  Wake up, little Susie.

                     E7   **A**
Well, what are we gonna tell your ma - ma?

                E7   **A**
What are we gonna tell your pa?

                E7   **A**
What are we gonna tell our friends

              N.C.
When they say, "Ooh la la?"

           A7   **D**
Wake up, ___ little Susie.

A7   **D**
  Wake up, little Susie.

Bridge

D
  Well, I told your mama that you'd be in by ten.

D7   **G**
  Well, Susie baby, looks like we goofed again.

           A
Wake up, little Susie.

G   **A**
  Wake up, little Susie.

A7 N.C.   **D**
  We gotta go home.

Interlude   ‖: **D** | **F**   **G**   **F** :‖

Chorus 3   *Repeat Chorus 1*

Verse 2

      G   D7   G
The movie wasn't so hot.

          D7   G
It didn't have much of a plot.

          D7   G   D7
We fell asleep, ___ our goose is cooked,

   G   D7   G
Our reputa - tion is shot.

Chorus 4

            A
Wake up, little Susie,

G   A
  Wake up, little Susie.

                 E7   A
Well, what are we gonna tell your ma - ma?

            E7   A
What are we gonna tell your pa?

            E7   A
What are we gonna tell our friends

          N.C.
When they say, "Ooh la la?"

       A7   D
Wake up, ___ little Susie.

A7   D
  Wake up, little Susie.

A7   D
  Wake up, little Susie.

Outro

‖: D   F   G   :‖ *Play 4 times*

‖: D |F   G   F   :‖ *Repeat and fade*

What I Got

Words and Music by Brad Nowell,
Eric Wilson, Floyd Gaugh and
Lindon Roberts

Melody:

Ear - ly   in   the   morn   -   in',

D5   G5   G7   D   C5

Intro | D5 G5 | D5 G5 |

Verse 1

D5   G5   D5   G5
Early in the morn - in', risin' to the street.

D5   G5
Light me up that cigarette and I

D5   G5
Strap shoes on my feet. (De, de, de, de, de.)

D5   G5   D5   G5
Got to find a rea - son, reason things went wrong.

D5   G5   D5   G5
Got to find a reason why my money's all gone.

    D5   G5   D5   G5
I ___ got a Dalma - tion and I can still get high.

    D5   G5   D5   G5
I ___ can play the guitar like a motherfuckin' riot.

Interlude 1   ‖: D5 G5 | D5 G5 :‖

Verse 2

      D5   **G5**
Well, life is (too short) so love ____ the one you got

        D5   **G5**
'Cause you might get run over or you might get shot.

D5   **G5**
Never start no static, I just get it off my (chest.)

D5   **G5**
Never had to battle with no bulletproof (vest.)

D5   **G5**
Take a small example, take a ti-ti-ti-tip from me.

D5   **G5**
Take all of your money, give it all (to char-i-ty-ty-ty-ty.)

     D5   **G5**
Love is what I got, it's within my reach

        D5   **G5**
And the Sublime style's still straight ____ from Long Beach.

            D5   **G5**
It all comes ____ back to you, you fin'lly get what you deserve.

D5   **G5**
Try to test that, you're bound to get served.

D5   **G5**
Loves what I got, don't start a riot.

   D5   **G5**
You feel it when the dance gets hot.

Chorus 1

D5 **G5**   **D5**   **G5**
Lovin'   is what I got. ____ I said re - member that.

D5 **G5**   **D5**   **G5**
Lovin'   is what I got, ____ and re - member that.

D5 **G5**   **D5**   **G7**
Lovin'   is what I got. ____ I said re - member that.

D   **G5**   **D**   **G7**
Lovin'   is what I got, ____ I got, I got, ____ I got.

Verse 3

D5   G5
Why, I don't cry when my dog runs away.

D5   G5
I don't get angry at the bills I have to pay.

D5   G5
I don't get angry when my mom smokes pot,

D5   G5
Hits the bottle and moves right to the rock.

D5   G5
Fuckin' and fightin', it's all the same.

     D5   G5
Livin' with Louie Dog's the only way to stay sane.

D5   G5   D5
    Let the lovin', let the lovin' come back ____ to me.

Interlude 2

‖: D5   C5 G5 | D5   C5 G5 :‖ D5 | |

Chorus 2

        D5 C5 G5   D5   C5   G5
'Cause lovin'   is what I got. ____ I said re - member that.

     D5 C5 G5   D5   C5   G5
Lov - in'   is what I got, ____ and re - member that.

     D5 C5 G5   D5   C5   G5
Lov - in'   is what I got. ____ I said re - member that.

     D5 C5 G5   D5   C5   G5
Lov - in'   is what I got, ____ I got, I got, ____ I got.

Outro

| D5   G5 | D5   G7 | D   ‖

Wish You Were Here

Words and Music by
Roger Waters and
David Gilmour

Melody:

So, _____   so you think you can tell, _____

Em7   G5   A7sus4   G   C   D   Am

Intro

Em7	G5	Em7	G5
Em7	A7sus4	Em7	A7sus4
G		Em7	G5
Em7	G5	Em7	A7sus4
Em7	A7sus4	G	

Verse 1

     C   D
So, so you think you can tell,

                 Am
Heaven from hell,

               G
Blue skies from pain.

                   D
Can you tell a green field,

               C
From a cold steel rail?

                Am
A smile from a veil?

                 G
Do you think you can tell?

		C D
Verse 2	Did they get you to trade ___ your heroes for ghosts?	

Verse 2

C   D
Did they get you to trade ___ your heroes for ghosts?
     Am
Hot ashes for trees?
    G
Hot air for a cool ___ breeze?
     D
Cold comfort for change?
    C
Did you exchange
       Am
A walk on part in the war
      G
For a lead role in a cage?

Guitar Solo

Em7	G5	Em7	G5	
Em7	A7sus4	Em7	A7sus4	
G				

Verse 3

C   D
How I wish, how I wish you were here.
    Am
We're just two lost souls swimmin' in a fish bowl
G
 Year after year.
D
 Runnin' over the same old ground.
C   Am
 What have we found? The same old fears.
     G
Wish you were here.

Interlude

Em7	G5	Em7	G5	
Em7	A7sus4	Em7	A7sus4	
G				

Outro-Guitar Solo

Em7	G5	Em7	G5	
Em7	A7sus4	Em7	A7sus4	
G				

Wonderful Tonight

Words and Music by
Eric Clapton

Melody:

It's late in the eve - ning;

G   D   C   Em

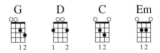

Intro ‖: G |D |C |D   :‖

Verse 1

G   D
It's late in the eve - ning;

C   D
She's wond'rin' what clothes __ to wear.

G   D
She puts on her make - up

C   D
And brushes her long __ blonde hair.

C   D
And then she asks __ me,

G   D   Em
"Do I look all right?"

            C
And I say, "Yes,

       D   G   D   C   D
You look wonderful tonight."

Verse 2

G   D
We go to a par - ty,

C   D
And ev'ryone turns __ to see

G   D
This beautiful la - dy

C   D
Is walking around __ with me.

C   D
And then she asks __ me,

G   D   Em
"Do you feel all right?"

          C
And I say, "Yes,

    D   G
I feel wonderful tonight."

Bridge

       C   D
I feel wonderful be - cause I see

       G   D   Em
The love __ light in __ your eyes.

       C   D
Then the wonder of it all

       C   D
Is that you just don't realize

       G   D   C   D
How much I love __ you.

| G | D | C | D | |

Verse 3	G D It's time to go home __ now,

               G   **D**

Verse 3   It's time to go home __ now,

               C   **D**

And I've got an aching head.

               G   **D**

So I give her the car __ keys,

               C   **D**

And she helps me to bed.

               C   **D**

And then I tell __ her,

               G   **D**   **Em**

As I turn out the light,

                        C

I say, "My darling,

                        D   **G**   **D**   **Em**

You are wonderful tonight.

               D   **C**

Oh, my darling,

                        D

You are wonderful tonight."

Outro | G | D | C | D |

                  | G | D | C | D | G |

Wonderwall

Words and Music by
Noel Gallagher

Melody:

To - day   is   gon - na   be   the   day   that they're

To match recording, capo II

Em7   G   Dsus4   A7sus4   Cadd9   C   D   Em11

Intro ‖: Em7   G |Dsus4   A7sus4 :‖ *Play 4 times*

Verse 1

    Em7   G
    Today is gon - na be the day

          Dsus4   A7sus4
That they're gonna throw it back to you.

  Em7   G
    By now you should have somehow

    Dsus4   A7sus4
Real-ized what you gotta do.

  Em7   G
    I don't believe that an - ybody

Dsus4   A7sus4   Cadd9 Dsus4 A7sus4
Feels the way I do about you now.

Verse 2

    Em7   G
    Backbeat, the word is on the street

        Dsus4   A7sus4
That the fire in your heart is out.

  Em7   G
    I'm sure you've heard it all before,

      Dsus4   A7sus4
But you never really had a doubt.

  Em7   G
    I don't believe that an - ybody

Dsus4   A7sus4   Em7 G Dsus4 A7sus4
Feels the way I do about you now.

Chorus 1

            C   D   Em7
And all ___ the roads we have ___ to walk are wind - ing,

            C   D   Em7
And all ___ the lights that lead ___ us there are blind - ing.

C   D
There are many things ___ that I would

G   D   Em7   G   A7sus4
Like to say to you, ___ but I don't know how.

            Cadd9 Em7 G   Em7
Because maybe _____ you're gon - na

                Cadd9   Em7   G
Be the one that saves me.

           Em7 Cadd9 Em7 G   Em7   Cadd9 Em7
And af - ter all _____ you're my wonderwall.

| G   Em7| | Em11 |

Verse 3

Em7   G
  Today was gon - na be the day,

           Dsus4   A7sus4
But they'll never throw it back to you.

Em7   G
  By now you should have somehow

     Dsus4   A7sus4
Real-ized what you're not to do.

Em7   G
I don't believe that an - ybody

Dsus4   A7sus4   Em7 G Dsus4 A7sus4
Feels the way I do about you now.

Chorus 2

      C   D   Em7
And all ___ the roads that lead ___ you there were wind - ing,

      C   D   Em7
And all ___ the lights that light ___ the way are blind - ing.

C   D
There are many things ___ that I would

G   D   Em7   G   A7sus4
Like to say to you, ___ but I don't know how.

        Cadd9 Em7 G   Em7
I said maybe _____ you're gon-na

             Cadd9 Em7 G
Be the one that saves me.

      Em7 Cadd9 Em7 G
And af - ter all

          Em7   Cadd9 Em7 G Em7
You're my wonderwall.

        Cadd9 Em7 G   Em7
I said maybe _____ you're gon - na

             Cadd9 Em7 G
Be the one that saves me.

      Em7 Cadd9 Em7 G
And af - ter all

          Em7   Cadd9 Em7 G Em7
You're my wonderwall.

        Cadd9 Em7 G   Em7
I said maybe _____ you're gon - na

             Cadd9 Em7 G
Be the one that saves me.

         Em7   Cadd9 Em7 G
You're gon - na be the one that saves me.

         Em7   Cadd9 Em7 G Em7
You're gon - na be the one that saves me.

Outro   ‖: Cadd9   Em7 | G   Em7   :‖ *Play 4 times*

Wouldn't It Be Nice

Words and Music by Brian Wilson,
Tony Asher and Mike Love

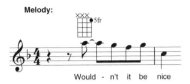

Melody:

Would - n't it be nice

A   F#m7   Bm   D   Am   C   F

Bb   Gm   Dm   Eb   Dmaj7   Gmaj7   Bm7

Intro
|A   F#m7 | Bm   D | A   F#m7 | Am

Verse 1
             C   F
Would - n't it be nice if we were older,
             Bb   Gm
Then we wouldn't have to wait so long?
       C   F
And wouldn't it be nice to live together
            Bb   Gm   C
In the kind of world where we'd belong?

Chorus 1
        Dm   Eb
You know, it's gonna make it that much better
Dm   Am   Gm
When we can say goodnight and stay togeth - er.

Verse 2
        C   F
Wouldn't it be nice if we could wake up
            Bb   Gm
In the morning when the day is new,
       C   F
And after having spent the day together,
            Bb   Gm   C
Hold each other close the whole night through?

Chorus 2

Dm   Eb
The happy times together we've been spending,
Dm   Am   Gm
I wish that ev'ry kiss was neverend - ing.
C   F
Oh, wouldn't it be __ nice?

Bridge

Dmaj7   Gmaj7
Maybe if we think and wish

And hope and pray,
F#m7   Bm7
It might come true.
Dmaj7   Gmaj7
Baby, then there wouldn't be
          F#m7
A single thing we couldn't do.
Bm7   F#m7
Oh, we could be mar - ried,
Bm7   F#m7
And then we'd be hap   -   py.
C   F
Oh, wouldn't it be __ nice?

Interlude

|F | | | | | | |

Chorus 3

Dm   Eb
You know, it seems the more we talk about it,
Dm   Am   Gm
It only makes it worse to live without ____ it.
        Am   Gm
But let's talk about ____ it.
C   F
Oh, wouldn't it be __ nice?
|F | | | |

Outro

   F
||:   Good night, oh, oh, baby.

Sleep tight, oh, oh, baby. :|| *Repeat and fade*

Yellow

Words and Music by
Guy Berryman, Jon Buckland,
Will Champion and Chris Martin

Melody:

Look at the stars,

B   Badd11   F#6   Emaj7   G#m   Eadd9   F#m11

Intro

B	Badd11	B	Badd11
B	Badd11	F#6	
Emaj7		B	Badd11

Verse 1

B   F#6
Look at the stars, look how they shine for ___ you,

          Emaj7
And ev'rything you do, ___ yeah, they were all yellow.

B   F#6
I came along, I wrote a song for ___ you,

                Emaj7   B
And all the things you do, ___ and it was called yellow.

Badd11   F#6
So then I took my ___ turn,

          Emaj7
Oh, what a thing to've done,

          B   Badd11 B
And it was all yellow.

Emaj7   G#m   F#6   Emaj7
Your skin, ___ oh yeah, your skin and bones,

   G#m   F#6
Turn in - to some - thing beautiful.

Emaj7   G#m   F#6   Emaj7
And you know, ___ you know I love you so,

Eadd9
You know I love you so.

Interlude 1 | B | | F#6 | | |
| Emaj7 | | B | | |

Verse 2

B   F#6
I swam across, I jumped across for ____ you,

                     Emaj7
Oh, what a thing to do, ____ 'cause you were all yellow.

B   Badd11   F#6
I drew a line, I drew a line for ____ you,

                     Emaj7   B   Badd11   B
Oh, what a thing to do, ____ and it was all yellow.

Emaj7   G#m   F#6   Emaj7
Your skin, ____ oh yeah, your skin and bones,

   G#m   F#6
Turn in - to some - thing beautiful.

Emaj7   G#m   F#6   Emaj7
And you know, ____ for you I'd bleed myself dry,

Eadd9   B
For you I'd bleed myself dry.

Interlude 2   *Repeat Interlude 1*

Chorus

          B   F#6
It's true, look how they shine for you,

                     Emaj7
Look how they shine for you,

                      B
Look how they shine for,

                    F#6
Look how they shine for you,

                     Emaj7
Look how they shine for you,

Look how they shine.

Outro

B
Look at the stars,

                   F#m11
Look how they shine for ____ you,

                    Emaj7
And all the things that you ____ do.

You Learn

Lyrics by Alanis Morissette
Music by Alanis Morissette
and Glen Ballard

Melody:

rec-om mend get-tin' your heart

To match recording, capo I

Gsus4   G   Fsus4   F   Cadd9   Dadd$_9^4$ G5   Dsus4

Intro

| Gsus4 | G | Fsus4 | F |
Oo, ____   oo, ____ ow.

| Gsus4 | G | Fsus4 | F |
Oo.

Verse 1

| Gsus4 | G | | Fsus4 | | F |
I ____ recom - mend gettin' your heart trampled on

| Gsus4 | G | | Fsus4 | F |
To anyone,   yeah, ____   oh.

| Gsus4 | G | | Fsus4 | | F |
I ____ recom - mend walkin' a - round

| | | Gsus4 | G | Fsus4 | F |
Naked in your livin' room, ____   yeah.

Pre-Chorus 1

| Cadd9 | | Dadd$_9^4$ |
Swallow it down. ____ (What a jagged little pill.)

| Cadd9 | | Dadd$_9^4$ |
It feels so good ____ (Swimmin' in your stomach.)

| Cadd9 | | Dadd$_9^4$ |
Wait until the dust settles.

	G5		Dsus4

Chorus 1

     G5   **Dsus4**

Chorus 1   You live, you learn. You love, you learn.

                         G5

You cry, you learn.   You lose, you learn.

                                                       Dsus4 G5

You bleed, you learn. You scream, you learn.

                    Gsus4 G   **Fsus4**

Verse 2   Oh, oh. ___ I ___ recom - mend

                  F   **Gsus4 G**

Biting off more than you can chew to anyone.

  Fsus4   **F**

I ___ certainly do, ___ oh.

Gsus4 G   **Fsus4**

   I ___ recom - mend

                    F   **Gsus4 G**

Stickin' your foot in your mouth at any time.

Fsus4 F

   Feel free.

  Cadd9   **Dadd$^4_9$**

Pre-Chorus 2   Throw it down. ___ (The caution blocks you from the wind.)

Cadd9   **Dadd$^4_9$**

  Hold it up ___ (To the rays.)

Cadd9   **Dadd$^4_9$**

  You wait and see ___ when the smoke clears.

Chorus 2

G5   Dsus4
You live, you learn. You love, you learn.

                   G5
You cry, you learn.   You lose, you learn.

                                      Dsus4 G5
You bleed, you learn. You scream, you learn. ____   Oh, oh.

Interlude   ‖: G5 | :‖ *Play 4 times w/ vocal ad lib.*

Pre-Chorus 3

Cadd9   Dadd$^4_9$
Wear it out, ___(The way a three-year-old would do.)

Cadd9   Dadd$^4_9$ Cadd9
Melt it down, ___(You're gonna have to eventually any - way.)

                    Dadd$^4_9$
The fire trucks ___ are comin' up around the bend.

Chorus 3   *Repeat Chorus 1*

Outro

G   Gsus4 G   Dsus4
You grieve, you learn. You choke, ___   you learn.

                     G5   G
You laugh, you learn.   You choose, you learn.

                                 Dsus4
You pray, you learn. You ask, you learn.

                    G5
You live, you learn. Ah.